消えた球団 高橋ユニオンズ

1954~1956

本当にプロ野球史上
最弱球団だったのか

はじめに

消えた球団 高橋ユニオンズ 1954―1956 青春のプロ野球

プロ野球80年の歴史においては、
常に強者にスポットライトが
当たりつづける。
しかし、この球団は不思議な球団だった。
それは、とてつもなく弱い、
プロ野球史上〝最弱〟球団だった――。
プロ野球(職業野球)リーグ戦が始まって
19年目の昭和29年。

セ・リーグは
巨人から中日が覇権を奪い、

左から、山田利昭、加藤一昭、兵頭冽、萱原稔、筒井敬三、笠原和夫、河内卓司、前川忠男、北川桂太郎、荒川宗一（1956年2月和歌山／写真提供・兵頭冽氏）

パ・リーグでは
西鉄が南海から覇権を奪い、
新時代を迎えた。

そのシーズンが始まる前に、
パ・リーグは8球団制にするために、
企業ではない、
ある一個人がオーナーとして創設した
球団が誕生した。

その名は高橋ユニオンズ——
当時のプロ野球の魑《ち》魅《み》魍魎《もうりょう》の荒波に揉《も》まれ、
わずか3年で
「大映スターズ
（現・千葉ロッテマリーンズ）」
に吸収合併されて消えた
「幻の球団」の真実にアプローチする。

はじめに　消えた球団　高橋ユニオンズ――2
序　章　昭和の時代のプロ野球を
一生懸命生きたユニオンズ――広尾晃――7
第1章　ユニオンズでプレーした選手たち――広尾晃――11
第2章　特別対談 忘れられた3年を語ろう
佐々木信也×長谷川晶一――49
第3章　永田ラッパとビール――広尾晃――79
タイムトマソン／「高橋ユニオンズ」のあった時代――たか橋ひろき――90
コラム　高橋ユニオンズの選手になる可能性があった
ジャイアント馬場――広尾晃――92

もくじ

第4章　OBを訪ねて 青木惇氏インタビュー
スタルヒンの決めの一球は速かった ―― 95

第5章　史上最弱の球団はどこだ！／
高橋ユニオンズは本当に弱い球団だったのか？ ―― 111

コラム　隠れた個性派 野村武史 ―― 牧啓夫 ―― 129

第6章　「高橋ユニオンズ」の3年間全試合と記録の探検 ―― 137

第7章　「高橋ユニオンズ」を追い求めて ―― 秋山哲夫 ―― 165

コラム　4年目（1957年）の「高橋ユニオンズ」 ―― 180

本書は２０１６年3月25日に発行された『野球雲Ｖｏｌ・６
消えた球団　高橋ユニオンズ』（啓文社書房発行）に大幅な加
筆修正を加えて新書サイズとして再刊行したものです。

序　章

昭和の時代のプロ野球を一生懸命生きたユニオンズ

誕生の瞬間から“存続の危機”に瀕したプロ野球チーム。
歴史の彼方に消える前に、今一度、振り返りたい。

広尾 晃

高橋ユニオンズ（トンボユニオンズ）は、日本のプロ野球史上で極めて特異な存在だ。

まず、高橋龍太郎という個人のポケットマネーで作られていたこと。高橋は「ビール王」と言われたが、どんな資産家でも自己資金だけで金食い虫であるプロ野球を運営するのは至難の業だ。道楽もここに極まれり、ということになろう。

次に、このチームはパ・リーグだけの意志で作られたこと。セ・リーグは関東地区にパの球団が増えることは、フランチャイズを侵害すると警戒し、二軍の新リーグを創設して対抗しようとした。結果的にそれは取り越し苦労で、高橋の本拠地、川崎球場は閑古鳥が鳴き、観客の実数が200以下という日さえあった。

そしてパ・リーグもそれほど高橋の誕生を喜んではいなかった。8球団でないと試合が組みにくいという事情で球団が誕生したが、多くの球団が選手の供出を惜しんだために〝ロートルと酒飲みの集団〟とさえ言われた。

〝祝福されない子〟であった高橋は誕生した瞬間から「存続の危機」に見舞われながら3シーズンを精一杯生き抜いたのだ。

高橋ユニオンズが久々に注目されるようになったのは、長谷川晶一さんが2011年に刊行した『最弱球団 高橋ユニオンズ青春記』（白夜書房）がきっかけだ。この本は存命中の元ユニオンズナインに話を聞き、当時の選手の生活や、ユニオンズがおかれた境遇を丁寧な筆致で描いている。筆者の野球に対する愛情がしみじみと感じられる。感動の最終試合と、別離の切なさは心にしみる。野球ノンフィクションの名作と言ってよい。

この本に触発される形で、高橋龍太郎の外孫の秋山哲夫さんが『「高橋球団（ユニオンズ）」3年間のあゆみ』を自費出版した。この本は、高橋家に残されたユニオンズ関係の詳細な資料を基にし、これに当時の新聞、雑誌の記録を加えてユニオンズの3年間を細大漏らさず記録している。本編と資料編で600ページ。これは日本野球史第一級の資料だろう。

ユニオンズが生んだ最大のスター、佐々木信也さんもこれらの本が上梓されるにあたっては協力を惜しまなかった。

長谷川さん、秋山さんの出版にまつわる話をお聞きしたことがあるが、高橋龍太郎がいかにユニオンズを愛していたか。そして理不尽なことが起こる中で、球団を守ろうとしていかに苦労したかを聞いて深い感慨を覚えた。

日本はまだ高度経済成長以前、日本社会は今から見れば「ままごと」のようなものだった。そんな時代に、必死に生きたユニオンズナインは、まだ小さく貧しかった昭和の日本人を象徴している。

秋山さんは祖父の遺志を継いでサッポロビールに入社し、専務取締役まで務められたが先ごろ物故された。往時のナインも一人、また一人と世を去り、ユニオンズは歴史のかなたに消えゆこうとしている。

高橋ユニオンズが解散して62年。ユニオンズの試合を見た記憶がある人は、70歳を超えている。

この本の底本は『野球雲6号　消えた球団高橋ユニオンズ』（啓文社書房）の内容に加筆修正を加えて一冊の新書にした。野球好きの皆さんにご愛読いただきたい。

第1章

ユニオンズで
プレーした選手たち

わずか3年といえど、このチームには個性派集団が揃っていた。
ポジション別全選手の成績を追いながら紹介する選手列伝。

広尾 晃

わずか3年しか存在しなかった高橋ユニオンズ（トンボユニオンズ）の選手列伝。はじめに、ポジション別の全選手の成績を俯瞰《ふかん》した上で、代表的な選手を紹介する。

投手編

3年間の全投手の登板、勝敗を一覧にした。

高橋ユニオンズで、一軍のマウンドに上ったのは3年合わせてもわずか28人である。1年目は、まだ体裁が整っていた。滝、野村と15勝投手が2人いたし、当時NPB最多勝だったスタルヒンもいたからだ。

しかし2年目になると、二桁投手は皆無となる。3年目に新鋭の伊藤四郎がユニオンズ唯一の20勝投手。そして中野隆夫が11勝を挙げる。

3年間に活躍した投手を、入団年次順に紹介しよう。

背番号	投手	1954年			1955年			1956年			計		
		登	勝	敗	登	勝	敗	登	勝	敗	登	勝	敗
16	滝良彦	55	16	19	46	9	14	38	6	20	139	31	53
11	伊藤四郎				24	1	5	65	21	19	89	22	24
18	野村武史	45	15	23	27	6	12				72	21	35
60	中野隆夫	8	1	1	32	7	7	51	11	19	91	19	27
17	V. スタルヒン	29	8	13	33	7	21				62	15	34
28	田中照雄				29	3	4	41	7	9	70	10	13
20	相沢進	28	3	5	39	4	10	23	1	2	90	8	17
40	吉岡史郎	25	2	3	47	4	11	28	1	4	100	7	18
61	J. ドゥール	10	3	3							10	3	3
17	飯尾為男							47	3	16	47	3	16
21·60	武末悉昌	28	3	4	4	0	2				32	3	6
19	宮崎一夫							33	2	4	33	2	4
19	江藤正	21	1	8							21	1	8
19	中西由行				8	1	5				8	1	5
12	藤井清一郎	5	1	2							5	1	2
51	柴原光三				19	0	2	9	0	1	28	0	3
12	山部精治							21	0	4	21	0	4
11	久喜勲	15	0	1							15	0	1
15	服部武夫	11	0	2	3	0	0				14	0	2
21	小沢文夫				3	0	2	10	0	0	13	0	2
10	川田幸夫				10	0	2				10	0	2
24	大庭宏				3	0	1	2	0	0	5	0	1
3	兵頭冽				3	0	0				3	0	0
14	村田博秀	2	0	0							2	0	0
26.39	長谷川宏司				1	0	0	1	0	0	2	0	0
41	田村満	2	0	0							2	0	0
43	吉田陽次							1	0	0	1	0	0
27	石崎正勝				1	0	0				1	0	0

１９５４（昭和29）年入団

・ヴィクトル・スタルヒン（１９１６─１９５７）右投右打　１９１cm 90kg

最大のビッグネームはヴィクトル・スタルヒンだ。１９１６（大正５）年５月１日生まれだから、シーズン序盤で38歳の誕生日を迎えていた。

帝政ロシアの軍人の家に生まれるがロシア革命後に迫害を受けて１９２５（大正14）年、日本の旭川に亡命。国籍のない「白系ロシア人」となる。

スタルヒンは旧制旭川中学では大エースとなるが、１９３３（昭和８）年は北海中学、１９３４（昭和９）年は札幌商業にいずれも惜敗し、甲子園出場はならなかった。この年、中学を中退して結成されたばかりの職業野球団「大日本東京野球倶楽部」に入団。この年行われた日米野球で登板。翌年のアメリカ遠征にも参加。

大日本東京野球倶楽部は、東京巨人軍となる。スタルヒンは１９３６（昭和11）年に始まった職業野球にも巨人の一員として出場。２年目からは同僚の沢村栄治に代わってエースとなり１９３９（昭和14）年には、今に残るＮＰＢシーズン最多勝の42勝（１９６１年に稲尾和久が同数で並ぶ）を記録。日本国籍ではないため兵役にはつかなかったが、

ヴィクトル・スタルヒン

1940（昭和15）年には須田博と改名。沢村栄治などチームメイトが戦争の犠牲になる中、巨人のマウンドを守り続けた。

終戦後は巨人に戻らず、パシフィック・太陽、金星（大映）と球団を渡り歩き、1954（昭和29）年に高橋に入団。1955（昭和30）年7月30日の川崎球場での近鉄戦で史上初めての300勝を達成。ただし当時はスタルヒンの1939年の成績は40勝とされていたため、9月4日の西京極球場での大映戦が通算300勝とされ、大きく報道された。

この年限りで引退。1957（昭和32）年1月12日、運転する車が東急玉川線三宿駅付近で電車と衝突し、非業の死を遂げた。享年40歳。1960年に野球殿堂入り。

●江藤正《えとうただし》（1922―2016）右投右打　179㎝75㎏

本名江藤晴康。福岡県立八幡中学、法政大学。大学屈指の好投手とされる。門司鉄道局、大洋漁業を経て1949年（昭和24）年、南海入り。この際に江藤と西日本鉄道の武末悉昌という2人の有望投手をめぐって大阪（阪神）と南海が大争奪戦を繰り広げる。結局、武末は南海、江藤は大阪に入団するも連盟裁定によって大阪でプレーすることなく南海に移籍。連盟は江藤に１９４９年１年間の出場停止処分を課した。

１９５０年（昭和25）年にプロデビューし14勝、翌年は24勝で最多勝とエースの活躍をするが、ここから11勝、０勝と成績が急落し、１９５４（昭和29）年に高橋に入団。奇《く》しくも同時期に争奪戦の渦中の人だった武末と同じだった。しかし全盛期の力はもはやなく、この年1勝、翌年は東映に移籍するが1勝も挙げられずに引退した。引退後は社会人電電近畿のコーチを務めた。１７９㎝と当時としては大柄で、本格派右腕だった。

• 武末悉昌《たけすえしっしょう》（１９２２―１９９８）
右投右打　１７０㎝　65㎏

１９４９（昭和24）年、江藤の項で触れたように争奪戦を経て西日本鉄道から南海に入団。アンダースロー投手の走りとしていきなり21勝を挙げる。翌年の２リーグ分立時には西鉄に引き抜かれる。以後も先発投手として投げるが、年々成績を落とし、

武末悉昌

1953（昭和28）年は無勝利に終わり、翌年高橋に入団。32歳だった。主として先発で使われるもこの年3勝止まり。翌年は0勝。この年限りで引退、西鉄でコーチやスカウトを務めた。

・滝良彦《たきよしひこ》（1929—2017）右投右打　174cm　64kg

高橋（トンボ）ユニオンズの最多勝投手。トヨタ自動車から1952（昭和27）年、毎日オリオンズに入団するも2年間で4試合0勝にとどまる。

1954（昭和29）年に高橋に入団。キャンプでの投球を見た浜崎真二監督が抜擢《ばってき》し、阪急西宮球場での記念すべき開幕戦で先発。5回を投げ、阪急のラリー・レインズに一発を浴びた。この年チーム勝ち頭の16勝、以後、9勝、6勝と勝ち星を減らしたが、主戦投手として3年間フルに活躍。通算31勝はユニオンズ最多勝。

高橋が大映と合併した1957（昭和32）年に

滝良彦

は、再び13勝と二桁勝利を挙げるが、以後、急速に成績が衰え、1959（昭和34）年、30歳で引退した。

サイドスローから変化球を駆使する技巧派だった。

・野村武史《のむらたけし》（1919―1985）右投右打　168cm 69kg
1936（昭和11）年、中等学校野球優勝大会（夏の甲子園）では県立岐阜商業の投手兼外野手として優勝。明治大学、全京城を経て1946（昭和21）年セネタースに入団するも1年で退団。以後はアマ屈指の好投手として知られるが1950（昭和25）年毎日オリオンズに。一線級の投手として活躍するが、1954（昭和29）年に滝とともに高橋に入団。すでに35歳だったが、滝に次ぐ15勝を挙げる。翌年も6勝を挙げるが、1956（昭和31）年に毎日に復帰し、この年限りで引退。サイドスローで変化球中心だった。

野村武史

●相沢進《あいざわすすむ》（1930―2006）
右投右打　173㎝69㎏
日本の委任統治領だったトラック諸島トール島の出身。父は日本人、母はミクロネシア人。太平洋戦争中に、父の出身地である神奈川県藤沢市に疎開。湘南中学を卒業後就職するが、そこで始めた軟式野球の腕前を若林忠志に認められ、1950（昭和25）年に毎日オリオンズに入団。1954（昭和29）年に高橋に入団。3年間で8勝を挙げるが、1958（昭和33）年、ユニオンズの解散時に他球団から指名されなかったため引退。トラック諸島に帰り、市民権を得てトール島の大酋長になる。後にチューク州首長会議の議長を務めた。

相沢進

●中野隆夫《なかのたかお》（1932―）　右投右打　173㎝64㎏
山口県立萩商工高校から小倉製鋼所、住友金属を経て1954（昭和29）年に高橋に入団。ユニオンズ生え抜き投手。1年目は1勝だったが2年目7勝、3年目11勝と尻上がりに勝ち星が増える。ユニオンズ解散時に東映フライヤーズに移籍するが、以後、1勝も出来ずに引退した。

●ジム・ドゥール（1925―?）右投右打　176㎝ 79kg

ハーバード大卒のインテリ。ハワイ州の学校教員で、セミプロのハワイ・レッドソックスの投手だったが1954（昭和29）年7月、身分を隠して来日し、夏休み期間だけの契約でマウンドへ。10試合で7先発、3完投、2完封の好成績を挙げるが、8月25日の試合を最後に帰国した。1500ドルで2カ月という契約書が現存している。野球協約違反だが、当時はこうした契約が横行していたという。

●吉岡《よしおか》史郎《しろう》（1935―）左投左打　179㎝ 71kg

岡山の関西高校から1954（昭和29）年に高橋に入団。ユニオンズ生え抜き投手。貴重な左腕投手として、先発救援で投げる。2年目は勝ち星は4勝だが154イニングを投げた。ユニオンズ解散とともに大映に移籍するがこの年1勝しかできず引退した。

1955（昭和30）年入団

・伊藤四郎《いとうしろう》（1932—2011）
右投右打　179cm　75kg

三重県立四日市商業から中日ドラゴンズを経て1955（昭和30）年トンボユニオンズへ。捕手として入団するもプロ入り後、投手に転向。中日時代は鳴かず飛ばずだったが、ユニオンズ2年目の1956（昭和31）年に、突如投手として開眼し、先発、救援で大活躍して21勝。ユニオンズ史上唯一の20勝投手となる。オールスターにも選ばれ、7月4日の後楽園での第2戦で2回1／3を投げた。

翌年、高橋が解散すると近鉄に移籍するも、3年で5勝どまり。1960年に南海移籍してこの年に引退。通算29勝のうち21勝を1956（昭和31）年の1シーズンで挙げた。引退後は南海、ダイエーの名スカウトとして多くの選手を獲得した。

伊藤四郎

・田中照雄《たなかてるお》（1933―1972）右投右打　168cm66kg

兄は近鉄で活躍した武智（旧姓田中）文雄、弟は東急の内野手田中和男。県立岐阜商業から1952（昭和27）年に阪急に入団するも、登板はこの年の1試合だけ。2年間一軍出場がないまま、1955（昭和30）年トンボユニオンズへ。この年は主として救援で3勝、翌年先発、救援掛け持ちで計7勝を挙げる。解散後は大映で投げるが、1958（昭和33）年、兄武智文雄のいる近鉄に移籍。同年引退した。カーブ、シュートが武器の技巧派だった。

1956（昭和31）年入団

・飯尾為男《いいおためお》（1933―）右投右打　176cm68kg

愛媛の新居浜東高校を中退して1951（昭和26）年、大映に入団。主として救援投手として5シーズンプレーしたのちに1956（昭和31）年、高橋に入団。先発、救援で47試合、179回2／3を投げるも味方の援護がなく3勝16敗に終わる。翌1957年には東映に移籍。以後、大毎、阪神と移籍して1963（昭和38）年まで投げた。技巧派で制球も良い好投手だったが、野球生活を通して味方の援護に恵まれなかった。

野手編

捕手

高橋（トンボ）ユニオンズ捕手の年度別安打数。一軍でマスクをかぶったのは合計9人である。

・サル・レッカ（1921―2019）右投右打　180cm　73kg

1940（昭和15）年、ヤンキース傘下のマイナーチームに入団。兵役を経てAAAクラスまで昇格するが、メジャー昇格はかなわず。

1948（昭和23）年を最後にMLB傘下のマイナーチームではプレ

背番号	捕手	1954年				1955年			
		試	安	本	打率	試	安	本	打率
62	S.レッカ	120	86	23	0.200	80	47	10	0.187
2	筒井敬三								
57	青木惇					33	5	0	0.111
9	西倉実	18	5	0	0.208	82	29	0	0.193
36	山岸静馬	21	8	0	0.296	25	18	1	0.391
10	板倉正男	43	9	0	0.153				
37	高橋一雄	1	0	0	0.000	11	0	0	0.000
59	原田康明					4	0	0	0.000
40	大井光雄								

背番号	捕手	1956年				計			
		試	安	本	打率	試	安	本	打率
62	S.レッカ					200	133	33	0.195
2	筒井敬三	121	51	2	0.2	121	51	2	0.200
57	青木惇	86	25	1	0.164	119	30	1	0.152
9	西倉実					100	34	0	0.195
36	山岸静馬	37	3	0	0.079	83	29	1	0.261
10	板倉正男					43	9	0	0.153
37	高橋一雄					12	0	0	0.000
59	原田康明					4	0	0	0.000
40	大井光雄	2	0	0	-	2	0	0	-

ーしていなかったが、1954（昭和29）年4月、ジミー・マケーブとともに高橋に入団。「ヨギ・ベラの前のヤンキースの捕手」と報道した記事もあったが事実ではない。

180cm73kgの大柄な捕手で、守備は堅実。また打ってはあらっぽい打撃だったために打率は低かったが1年目23本塁打と、当時の高橋としてはずば抜けた長距離打者だった。文字通り攻守のかなめとして活躍。2年目に成績を落として退団したが、通算33本塁打はユニオンズ史上最多である。

・西倉実《にしくらみのる》（1929―1955）右投右打　173cm68kg

社会人を経て1952（昭和27）年に松竹ロビンスに入団するも1年で退団し、大阪鉄道管理局を経て1954（昭和29）年高橋に入団。1年目はレッカの控え捕手だったが、2年目はレッカと併用され82試合に出場。俊敏な守備も評価が高く、期待されたがこの年の12月19日に急逝した。享年26歳。ユニオンズで現役中に死亡したのは西倉だけである。

・山岸静馬《やまぎししずま》（1934―1990）右投右打　170cm68kg

県立長野北高校から1954（昭和29）年高橋に入団。生え抜きである。打撃の良い捕手で2年目の1955（昭和30）年に打撃開眼し、46打数18安打、打率・391、本塁打も記録したが翌年は38打数3安打。高橋が解散後は大映に移籍したが出場機会はなく、同年引退した。

●筒井敬三《つついけいぞう》（1925―1959）右投右打　168㎝68㎏

戦後の南海の黄金時代を支えた名捕手。海南中学、横浜専門学校を経て1946（昭和21）年グレートリング（のち南海）へ。1年目から正捕手となり、オールスターにも2回出場。リーグを代表する捕手となる。1949（昭和24）年4月14日の巨人戦で別所引き抜き事件で因縁が出来た巨人の三原脩監督に殴られる。球史に残る「三原ポカリ事件」である。1956（昭和31）年、若手捕手松井淳の台頭もあり、高橋に譲渡される。高橋ではコーチ兼任。解散後は大映、東映でプレーし、1958年引退。引退後は東映のコーチになったが1959（昭和34）年12月6日、ガス漏れ事故のため不慮の死を遂げた。

●青木惇《あおきつとむ》（1936―）右投右打　170㎝66㎏

神奈川県の相洋高校から1955（昭和30）年トンボに入団。生え抜き捕手。2年目には筒井に次ぐ86試合でマスクを被る。高橋解散後は近鉄に移籍するが、１９５９（昭和34）年に引退した。

一塁手

２年目シーズン後半からプレーイングマネージャーになった笠原和夫が中心的な存在。

●笠原《かさはら》和夫《かずお》（１９２０―１９９８）
左投左打　１７２cm　71kg

市岡中学、早稲田大学から社会人野球を経て１９４８（昭和23）年南海に入団。中心打者として活躍したが、飯田徳治の台頭とともに控えとなり、１９５４（昭和29）年高橋に移籍。中心打者としてチームを引っ張る。２年目途中で浜崎真二

背番号	一塁手	1954年				1955年			
		試	安	本	打率	試	安	本	打率
4	笠原和夫	131	117	1	0.290	80	47	10	0.187
9	加藤一昭								
3	兵頭冽					33	5	0	0.111
11	久喜勲	53	4	0	0.121	82	29	0	0.193
27	矢部滋	36	9	0	0.214	25	18	1	0.391
45	石川進	2	0	0	0.000				

背番号	一塁手	1956年				計			
		試	安	本	打率	試	安	本	打率
4	笠原和夫	36	8	1	0.267	281	197	3	0.283
9	加藤一昭	136	92	5	0.212	251	142	5	0.215
3	兵頭冽	130	58	3	0.194	219	75	3	0.193
11	久喜勲					53	4	0	0.121
27	矢部滋					36	9	0	0.214
45	石川進					2	0	0	0.000

監督が休養したために、プレーイングマネージャーとなり、ユニオンズ解散まで采配を執る。高橋ユニオンズ解散とともに現役引退。1957（昭和32）年は大映の助監督に。

大映退団後は大阪を中心に野球解説者として、ラジオ、テレビで長く活躍した。長打は少ないが、左打ちのシャープな打者だった。

・加藤《かとう》一昭《かずあき》（1930―）
右投右打　177cm 69kg

愛知県立一宮中学から明治大学を経て中日へ。当初は投手だったが、2勝どまりで打者に転向。1953年に退団し、社会人でプレーするも1955（昭和30）年にトンボに入団。翌年は正一塁手に。高橋解散後は大映、近鉄でプレー。

加藤一昭

笠原和夫

1959（昭和34）年を最後に引退した。

・兵頭洌《ひょうどうただし》（1934—2013）左投左打　177㎝75kg

愛媛県立八幡浜高校から1953（昭和28）年に毎日に入団。1955（昭和30）年にトンボに移籍。1年目は一塁の控えだったが、2年目は主として外野を守った。1年目には投手として3試合登板している。打撃では前述の加藤とともに相当期待された選手で、笠原兼任監督は「加藤、兵頭が私より打てるようになれば一線は退く」とまで言ったが、ともに結果を出すことが出来なかった。解散後は近鉄に移籍し、再び一塁を守る。1958（昭和33）年を最後に引退した。

二塁手

スター選手佐々木信也を生んだ。それまではポジションが定まらなかった。

兵頭洌

●萩原昭《はぎはらあきら》（1927―1993）

右投右打　167cm60kg

台湾台南第一中学校から国鉄志免鉱業所を経て1950（昭和25）年に毎日へ入団。毎日では河内卓司の控え三塁手。1954（昭和29）年に高橋に移籍。二塁、三塁を守る。守備は堅実だったが、打撃はいまひとつだった。1955（昭和30）年限りで退団している。

●三瀬雅康《みつせますやす》（1929―）

右投右打　170cm60kg

福岡県立門司商業から門司鉄道局を経て1954（昭和29）年高橋に入団。1年目は内野のユーティリティー、2年目に二塁手として104試合に出場。しかしオフに契約解除を通

背番号	二塁手	1954年				1955年			
		試	安	本	打率	試	安	本	打率
6	萩原昭	87	52	0	0.216	114	50	1	0.182
6	佐々木信也								
37	三瀬雅康	50	16	0	0.200	126	56	0	0.190
41	安井直史	104	48	2	0.191	1	0	0	0.000
5	浜崎勝	68	8	0	0.113				
2	樋口貞一					49	9	0	0.129
39.49	松田勇吉	1	0	0	0.000	2	0	0	-

背番号	二塁手	1956年				計			
		試	安	本	打率	試	安	本	打率
6	萩原昭					201	102	1	0.198
6	佐々木信也	154	180	6	0.289	154	180	6	0.289
37	三瀬雅康					176	72	0	0.193
41	安井直史					105	48	2	0.190
5	浜崎勝					68	8	0	0.113
2	樋口貞一					49	9	0	0.129
39.49	松田勇吉					3	0	0	0.000

告され退団した。

・佐《さ》々《さ》木《き》信《しん》也《や》（1933―）右投右打 169cm 76kg

ユニオンズが生んだ最大のスターと言ってよいだろう。1949（昭和24）年、湘南高校1年のときに夏の甲子園に初出場で優勝する。監督は佐々木信也の父の久男だった。慶應義塾大学に進み、正二塁手になる。4年時には主将。慶早戦に強く、東京六大学野球の人気選手となる。同期に

佐々木信也

は巨人のエースとなった藤田元司がいる。

卒業後は実業団に進むつもりだったが、球団首脳を刷新し、財界の大物藤山愛一郎も資金援助するなど、戦力強化を図る高橋ユニオンズが猛烈にアプローチして、１９５６（昭和31）年2月9日、入団契約となった。佐々木は「高橋の試合は一度も見たことがない、僕は西鉄ファンだったがこれからはやっつける気持ちで頑張る」と抱負を語った。

この年、佐々木は3月21日、川崎球場での近鉄との開幕戦で一番二塁手として先発出場。以後、シーズン終了まで1人で二塁を守りフルイニング出場。打ってもリードオフマンとしてリーグ最多の１８０安打を放った。最多安打は当時、タイトルではなかったが、ユニオンズで主要な打撃部門で1位になったのは佐々木信也のこの記録だけ。

オールスターにも選ばれ、２試合とも安打を打つ。

新人王は西鉄の稲尾和久に譲ったが、ベストナインにも選ばれた。ベストナイン選出も高橋ではこの年の佐々木だけ。

このオフに高橋は解散し、佐々木は大映ユニオンズに。さらに大映の吸収合併によって大毎オリオンズに。出場機会が減り、１９５９（昭和34）年限りで引退。

引退後は26歳で野球解説者となる。従来の野球解説者は、ラジオやテレビの放送時に自身の経験談を語る程度だったが、佐々木は試合前にグラウンドで選手に意気込みを聞くなど積極的に取材、試合当日の天候、気温などの情報も収集するなど臨場感あふれる全く新しい解説スタイルを開拓した。1976（昭和51）年からはフジテレビの「プロ野球ニュース」のキャスターとなり、プロ野球番組の新境地を開いた。「野球放送」の世界を豊かにし、多くの野球ファンを楽しませたという点では「野球殿堂入り」してもおかしくない功績を挙げた。

● 安井直史《やすいなおし》（1920—1998）右投右打　170㎝ 60kg

安井亀和《かめかず》の名前で戦前から活躍した名二塁手。和歌山県立海南中学、明治大学から1943（昭和18）年に南海入団。翌年応召するが1946（昭和21）年に復帰。南海の正二塁手として活躍。2リーグ分立時の1950（昭和25）年に、大洋に移籍。1954（昭和29）年高橋に入団。選手名を安井直史と改める。1年目は正二塁手だったが、2年目にはコーチ兼任となり、出場はわずか1試合。この年限りで引退した。堅実な守備で知られた。

●浜崎勝《はまさきまさる》（1931―）右投右打　164cm59kg

高橋ユニオンズ初代監督浜崎真二の息子。大連第二中学を経て1953（昭和28）年、父が監督を務める阪急に入団。初の「親子選手」として話題に。一軍出場はなく、1954（昭和29）年父が監督となった高橋に移籍。この年限りで現役を引退した。

三塁手

俊足好打の河内がチームを引っ張った。

●河内卓司《こうちたくし》（1920―2016）右投右打　173cm66kg

旧制広島第一中学、慶應義塾大学から大洋漁業を経て1950（昭和25）年、毎日に入団。リードオフマンとして活躍する。シュアな打撃には定評があったが、三塁守備は粗っぽくて失策が多かった。また盗塁死も多かった。

河内卓司

1954（昭和29）年、高橋に移籍。高橋でもリードオフマン、中軸打者として活躍。3年目は主に代打として出場したが勝負強いところを見せた。移籍時にすでに34歳。酒好きでも知られた。「高橋はロートルの酒飲み選手ばかり集まった」と言われる要因を作った1人ではあった。

●北川桂太郎《きたかわけいたろう》（1925―？）
右投右打　179cm 75kg

静岡県立島田商業から1946（昭和21）年、セネタースに入団。この時期は投手。セネタース（東映）、西鉄、毎日で13勝を挙げる。1952（昭和27）年シリーズを最後にプロから退き社会人野球に転じたが、1956（昭

背番号	三塁手	1954年				1955年			
		試	安	本	打率	試	安	本	打率
8	河内卓司	111	110	0	0.275	111	87	1	0.269
14	北川桂太郎								
26	筒井真次								
2	植田武彦	77	19	0	0.176				
24	飯山平一								
29	松岡一郎					24	5	0	0.152
46.35	岡崎恒人	2	1	0	0.333	5	0	0	0.000

背番号	三塁手	1956年				計			
		試	安	本	打率	試	安	本	打率
8	河内卓司	68	23	0	0.258	290	220	1	0.271
14	北川桂太郎	121	58	5	0.186	121	58	5	0.186
26	筒井真次	106	35	1	0.174	106	35	1	0.174
2	植田武彦					77	19	0	0.176
24	飯山平一	69	17	2	0.195	69	17	2	0.195
29	松岡一郎					24	5	0	0.152
46.35	岡崎恒人	9	1	0	0.143	16	2	0	0.167

和29）年高橋でプロ復帰。高橋では三塁、一塁を守るが貧打。この年限りで引退した。

●**筒井《つつい》真次《しんじ》（1935―）**
右投右打　179㎝　64㎏

筒井敬三の弟。海南高校から1954（昭和29）年、南海入団。翌年1試合だけ一軍で出場。1956（昭和31）年、兄とともに高橋に移籍。「筒井兄弟獲得」と話題になった。

この年は三塁を74試合守る。解散とともに翌年大映に移籍し、この年限りで引退した。

北川桂太郎

●**植田《うえだ》武彦《たけひこ》（1927―）　右投右打　170㎝　64㎏**

奈良県立五條中学卒業。兵役を経て1950（昭和25）年、阪急に入団。阪急では主として遊撃手としてプレー。守備の人だったが時折本塁打も打った。1953（昭和28）年は一軍出場なく、1954（昭和29）年、高橋入団。控えの三塁手としてプレーし、オフに退団した。

遊撃手

守備が重視されるポジションだが、名手と言える選手は出なかった。

●ジミー・マケーブ（1928―）

右投右打　179㎝　77㎏

MLB傘下のマイナーリーグでプレーしていたとされる。1954（昭和29）年シーズン開幕後に、サル・レッカとともに高橋に入団。4月24日に四番遊撃でデビュー。肩は抜群に強いと評されたが、フィールディングが悪く、99試合で38失策を記録。打撃もぱっとせず、1年で退団した。

背番号	遊撃手	1954年				1955年			
		試	安	本	打率	試	安	本	打率
1	前川忠男					129	117	6	0.234
63	J.マケーブ	99	69	3	0.207				
35	坂本木雄								
47	田中淳二	4	1	0	0.143				
3	長谷川善三	2	0	0	0.000				

背番号	遊撃手	1956年				計			
		試	安	本	打率	試	安	本	打率
1	前川忠男	126	93	4	0.22	255	210	10	0.228
63	J.マケーブ					99	69	3	0.207
35	坂本木雄	60	28	0	0.197	60	28	0	0.197
47	田中淳二					4	1	0	0.143
3	長谷川善三					2	0	0	0.000

●前川忠男《まえかわただお》（１９２９―）右投右打　１７２㎝65㎏

県立鹿児島商業、西日本鉄道、八幡製鐵所を経て１９５４（昭和29）年南海入団。控え遊撃手だったが、翌年トンボに入団。正遊撃手として活躍。６本塁打に加え26盗塁。打率は低かったが47四球を選ぶなどチームに貢献した。翌年も正遊撃手としてプレー。チーム解散とともに東映に移籍、１９５８（昭和33）年限りで引退した。

ユニオンズでは背番号「１」をつけていた。

●坂本木雄《さかもときお》（１９３４―）右投右打　１７３㎝68㎏

「さかもときお」という珍しい名前。享栄商業から１９５３（昭和28）年、名古屋ドラゴンズに（翌年から中日）。１９５６（昭和31）年７月７日に高橋に移籍。この年、中日では一軍での出場はなかったが、高橋では遊撃手としてスタメンでも起用される。チーム解散とともに大映に移籍、１９５８（昭和33）年ふたたび中日に復帰し、同年引退した。

●長谷川善三《はせがわぜんぞう》（１９２３―１９９８）右投右打　１６７㎝56㎏

戦前から華麗な守備で鳴らした名遊撃手。米子中学を中退して１９４１（昭和16）年南海に入団。当初は投手だったが、３年目に遊撃手に。応召し、１９４６（昭和21）年復員。大阪タイガースに入り、正遊撃手として活躍。その鮮やかな守備は「飛燕」と呼ばれた、打撃は非力だったが、犠打の名手だった。

２リーグ分立時に西鉄に移籍。さらに毎日を経て、１９５４（昭和29）年、高橋に移籍。しかし出番は少なく、この年限りで引退。

引退後は評論家、西鉄コーチ、ロッテスカウトとして長く活躍した。

外野手

弱いなりにも活躍した選手を輩出したポジションである。

●山田利昭《やまだとしあき》（１９３３―２００１）

左投左打　１７６㎝ 68㎏

千葉県立市川工業から立教大学を経て１９５３（昭和28）年、毎日へ。翌年、高橋に

山田利昭

移籍。176cmと当時としては大柄な外野手。ユニオンズの打者では非常に珍しい左打ち。1年目は・251と平凡な打率だったが、2年目に打率・296(11位)、ユニオンズでは規定打席以上の3割打者は皆無で、最高打率はこの年

背番号	外野手	1954年				1955年			
		試	安	本	打率	試	安	本	打率
29.7	山田利昭	131	94	2	0.251	136	128	3	0.296
25	黒田一博	132	118	6	0.246	129	98	4	0.237
23	栗木孝幸					131	89	6	0.241
33	石川進					57	35	0	0.302
5	荒川宗一								
28	小田野柏	134	106	5	0.233				
5	東谷夏樹					92	30	1	0.204
26	深見安博	90	55	6	0.266				
61·32	D.ブッサン					76	42	6	0.223
39	大木護	40	7	0	0.149	16	1	0	0.111
35	川口秀之	60	17	1	0.195				
25	萱原稔								
32	市川治彦					1	0	0	0.000
36	見乗敏茂								

背番号	外野手	1956年				計			
		試	安	本	打率	試	安	本	打率
29.7	山田利昭	132	64	3	0.203	399	286	8	0.254
25	黒田一博					261	216	10	0.242
23	栗木孝幸	117	54	5	0.2	248	143	11	0.223
33	石川進	110	100	3	0.277	167	135	3	0.283
5	荒川宗一	149	121	4	0.225	149	121	4	0.225
28	小田野柏					134	106	5	0.233
5	東谷夏樹					92	30	1	0.204
26	深見安博					90	55	6	0.266
61·32	D.ブッサン					76	42	6	0.223
39	大木護	10	1	0	0.083	66	9	0	0.132
35	川口秀之					60	17	1	0.195
25	萱原稔	41	16	4	0.19	41	16	4	0.190
32	市川治彦	4	0	0	0	5	0	0	0.000
36	見乗敏茂	1	0	0	0	1	0	0	0.000

の山田になる（打率の順位では、翌1956年佐々木信也の6位が最高）。前半戦は打率・312（6位）と好調でオールスターにも選出され、2試合とも途中出場している。外野手としても優秀で、たびたび大飛球を好捕した。しかし翌年は打率が急落。チーム解散後は東映に移籍し、1958（昭和33）年に引退した。

●黒田《くろだ》一博《かずひろ》（1924―2007）右投右打　176cm　73kg

長崎県佐世保商業、八幡製鐵所を経て1949（昭和24）年に南海入り。外野手、三塁手として活躍。1950（昭和25）年8月14日の大映戦で中堅手黒田が捕球した打球がワンバウンドかノーバウンドかの判定をめぐって紛糾し、南海は史上7度目の「放棄試合」を宣告された。鶴岡一人監督の信頼が厚かったが1954（昭和29）年、鶴岡監督の指示で高橋に移籍。堅実な守備と打撃で貢献する。

黒田一博

1956（昭和31）年に大映に移籍、この年限りで引退。引退後は大阪市内で運動具店を経営するとともに、鶴岡一人が創立したボーイズリーグのチーム「オール住之江」を運営。次男で広島、ドジャース、ヤンキースで活躍した黒田博樹もこのチームの出身。2007年に死去。墓は大阪府堺市の寺院の鶴岡一人の隣にある。

• 栗木《くりき》孝幸《たかゆき》（1929―1998）
右投右打　173㎝68㎏

県立岐阜商業、明治大学を経て1952（昭和27）年毎日入団。1955（昭和30）年トンボに移籍。俊足の外野手として一番を打つ。チーム解散後大映に移籍するも、出場試合数が減って退団。以後は社会人野球でプレーした。

栗木孝幸

●石川進《いしかわすすむ》（１９３２―２００４）左投左打　１７６㎝ 64㎏

静岡県立富士高校から大昭和製紙を経て１９５４（昭和29）年高橋に入団。生え抜きである。山田と並ぶ左打ち。３年目の１９５６（昭和31）年にはレギュラーとなり１００安打を記録する。チーム解散後東映に移籍するが、退団して大昭和製紙でプレー。１９５９（昭和34）年プロに復帰し、大毎、阪急で以後11年にわたって控えの外野手として活躍した。１９６９（昭和44）年引退。高橋ユニオンズを知る最後の現役選手だった。

●荒川宗一《あらかわそういち》（１９２５―２０１０）右投右打　１７４㎝ 68㎏

静岡県立掛川中学、早稲田大学、大昭和製紙を経て１９５６（昭和31）年、高橋に入団。すでに30歳だったが中軸打者として活躍。しかしこの年限りで球団が解散したため大映に移籍するも試合に出場することなく引退。引退後は指導者として活躍した。プロでの実績は１年だけ

荒川宗一

である。

●小田野柏《おだのかしわ》（1917―2014）右投右打　170cm66kg

戦前から外野守備の名手として知られた。岩手県立福岡中学から社会人野球を経て1938（昭和13）年に阪急に入団。応召後、戦後は社会人でプレーしていたが1950（昭和25）年、毎日に入団。さらに西鉄、近鉄を経て1954（昭和31）年、高橋に入団。すでに37歳だったがほぼフル出場してチーム最多の23盗塁を記録した。同年現役引退、翌年から2年間ユニオンズのコーチを務めた。

●東谷夏樹《ひがしたになつき》（1930―2006）左投左打　176cm75kg

岡山県立琴浦商業、浪華商業を経て1949年から阪急。1952（昭和27）年にはサイクル安打を記録。しかしレギュラーは取れず

東谷夏樹

1955（昭和30）年トンボに移籍。翌年には東映に移籍し、1958年に引退した。

•深見安博《ふかみやすひろ》（1919—1972）右投右打　173cm 73kg

報徳商業、中央大学、西日本鉄道を経て1950（昭和25）年西鉄入団。1952（昭和27）年シーズン中に東急に移籍。両チームで合わせて25本塁打を打ち、ホームラン王。2チームをまたいでのタイトルは史上唯一。1954（昭和31）年、高橋に入団。中軸を打つが、翌年南海に移籍。1957（昭和32）年に引退。引退後は西鉄、広島などのコーチを歴任した。

•ドン・ブッサン（1933—）右投右打　189cm 90kg

1951年パイレーツ傘下のマイナーチームに入団。しかしメジャー昇格はならず米独立リーグを経て1955（昭和30）年、トンボに入団。当たれば飛ぶが、集中力に欠け、確実性がなかった。同年退団。球団は「来年は外国人選手を使わない」と明言。ユニオンズ最後の外国人選手となる。

指導者編

監督

・浜崎真二《はまさきしんじ》（1901―1981）

広島商業、慶應義塾大学などで投手として活躍。プロ野球とのかかわりは戦後、阪急の監督兼選手になってから。阪急では投手として5勝を挙げる。身長156㎝はNPB史上最小兵の選手。

1954（昭和29）年、高橋の監督に就任する。1年目は最下位をまぬかれ6位と健闘

浜崎真二

したが、翌1955（昭和30）年は下位に低迷。ノイローゼになり9月20日に退任。その後は毎日、巨人、国鉄でコーチ。評論家としても活躍し「球界の彦左」と呼ばれた。高橋での監督成績は265試合88勝173敗4分、勝率・337
1978年野球殿堂入り。

●笠原和夫《かさはらかずお》（1920—1998）

一塁手の項で紹介した通り、1955（昭和30）年9月に浜崎監督が退任した後を受けてプレーイングマネージャーとしてチーム最後の日まで采配を執る。監督成績は170試合59勝107敗4分、勝率・355

コーチ

●若林忠志《わかばやしただし》（1908—1965）

戦前のタイガースのエース。「七色の変化球」で知られた。日系2世。1955（昭和30）年、トンボのヘッドコーチとなるも、チームは大敗し、1年で退任した。

通算237勝。1964（昭和39）年野球殿堂入り。

特別対談

元高橋ユニオンズ二塁手
佐々木信也
×
『最弱球団 高橋ユニオンズ青春記』著者
長谷川晶一

ゲスト **池井優**

第2章

忘れられた3年を語ろう

対談場所はQVCマリンフィールド。高橋ユニオンズの系譜の先にある千葉ロッテマリーンズの本拠地。

63年前「高橋ユニオンズ」に、大卒ルーキーとして入団した佐々木信也さんは、愛車で幕張までやってきた。長谷川晶一さんは、『最弱球団 高橋ユニオンズ青春記』を書いた気鋭のスポーツライター。長いプロ野球史の中で3年間だけ存在した球団を、丹念な取材で書き上げた傑作。

野球史に詳しく多数の著書で知られる池井優さん（慶應義塾大学名誉教授）もゲストに加わっていただき、スペシャル鼎談が始まりました。

これでレギュラーは大丈夫だな

佐々木　私は家庭的な事情、親父が家出して、わが家は貧乏のどん底に陥りまして、それでプロに入る気になったんですよ。でも、体は小さいし自信なんか全然ないから、まあ野球をやっている会社に入れてもらって、社会人で野球をしようと思っていた。そこにプロが口説きに来たんですね。

「高橋ユニオンズ」が提示してくれた金額は350万円。今では7、8000万くらいでしょうか？　もう、大変な金額、まあ母親を楽させようという気持ちがあって、プロに飛び込んだわけです。

自信なんか何もない。でも入ったチームが良かった。弱いチームでキャンプ初日で「あ～これでレギュラーは大丈夫だな～」と思いました。

キャンプ、オープン戦で私3割6分くらいだったんですよ。で、「プロはたいしたもんじゃないな～と思って」。これが良くなかったんですよ。実際に開幕してみたら、もう、オープン戦で出てきたピッチャーと質が違うんですよ。最初の10試合で54打数6安打——

最弱球団
高橋ユニオンズ青春記
長谷川晶一
1954年から3年間で消えた
パ・リーグ幻の球団
「高橋ユニオンズ」の全貌を描く
渾身のノンフィクション

長谷川晶一（はせがわ しょういち）
早稲田大学商学部卒業。出版社勤務を経て、2003年にノンフィクションライターに。『1999年の松坂大輔：歴史を刻んだ男たち』『虹色球団 日拓ホームフライヤーズの10カ月』『再起 - 東京ヤクルトスワローズ ～傘の花咲く、新たな夜明け～』など著書多数。2015年『文庫版・最弱球団 高橋ユニオンズ青春記』（彩図社）を上梓

――。それでも監督はずっと使ってくれたんです。それがありがたかった。

まあ、そんなことで11試合目から打ち出したんですよ。そこから最後の試合まで、・306くらい行ったと思うんですよ。でも、チームは負けて負けて負けて、こんなに負けた経験は初めてでした。負けるってことは恐ろしいことで、負け続けると悔しくないんですよ。

試合で負けて悔しくないのは最悪で、それを1年間経験しました。

長谷川さんが丁寧に取材して下さってね。そのものズバリのタイトル、これ（『最弱球団高橋ユニオンズ青春記』）面白いです。長谷川さん、これ取材してて面白かったでしょ？

長谷川　面白かったですね。結局4年くらい取材したのかな？　これ最初に本が出たのが2011年。で、取材

を始めたのが2008年くらいだったんですけど。最初、たぶん皆さんそうだと思いますが、高橋ユニオンズは、名前は聞いたことあるけど、実態がどうなっているのか？　野球の本など見ると球団変遷史の最後の方に「高橋、トンボ、高橋」と短い3年があって、これ何なんだろう？　と。

そして、最後の年に佐々木信也さんがいるらしい、ということを知って、やはり佐々木信也さんがキーパーソンになるんじゃないかと思って話をうかがった。その時、佐々木さんにはっきり言われましたけど、「こんなチームを調べてどうなるの？」と。（会場笑）

おっしゃる通りです。僕も本になるとも思わなかったし。どうやって取材して良いのか？わからないんですけど、佐々木さんが言われたように契約金は350万円ですか？

他の人はあとでわかるのですけど、契約金はほぼ「0」なんですよね。あるいは10～20万円。破格の待遇を持って迎えられた六大学のスターなんですが、佐々木さんのご家庭に問題があって、お父様がいなくなって……。大学時代ですか？　高校時代ですか？

佐々木　高校時代。

長谷川　高校時代ですか！　これが、佐々木さんが出された自伝、大学4年生の時の写真なんですけど、元々、東洋高圧でしたっけ？

佐々木信也（ささき しんや）

湘南高校、慶應義塾大学卒業。1956年高橋ユニオンズ入団。1957年1月ユニオンズ解散後、大映ユニオンズに移籍。58，59年と活躍後、引退。その後野球評論家として活躍、「プロ野球ニュース」のキャスターとして活躍。入団した56年は154試合全試合、全イニング出場。新人では、長嶋茂雄、徳武定之（定裕）の3人、パ・リーグでは佐々木だけ。180安打141単打は今も新人記録。ベストナインに選ばれる、ユニオンズでは唯一の表彰選手

プロ野球ニュースキャスター時代の佐々木信也さん

佐々木　私、元々体も小さいし、自信もないからプロなんて１％も考えないで。ありがたいことに慶應のキャプテンをやっていたんで、いろんな野球部のある会社が誘ってくれたんですよ。20社くらいでしょうか？

もう、秋のシーズンで赤坂の料亭に呼ばれました。芸者さんをはべらかせて、見たこともないご馳走《ちそう》が並べられて、まあ野球部の監督や部長からありがたい言葉を頂いて、帰る時はお寿司やケーキをいっぱい頂いて、私の帰る頃を見計らって、私の部屋に下級生がそのおみやげ目当てで集まってくるんですよ。

そんな二十何社の中から東洋高圧砂川

（現・北海道三井化学）を選んだんです。私の調べ方もいい加減で、当時の状況では化学肥料が伸び盛りだとか、それから慶應野球部から北海道の社会人野球に一人も行っていなかったんです。開拓者の気持ちで東洋高圧の試験を受けて、入社通知書もらってから、「高橋ユニオンズ」が口説きに来たんですよ。私は逃げ回っていたんです。とうとうつかまっちゃいましたけど。

長谷川　当時飯塚（隆久）代表でしたっけ、佐々木さんが全然会ってくれないから、お母さんのところに行ったんですよね。どうやって説得したんですか？

佐々木　いやーあのね、私は藤沢の鵠沼海岸に住んでいて、その家の前に小さなホテルがあって、そこに1週間泊まり込みで飯塚さんが毎日うちに来るんですよ。私は逃げ回っていますが、母親はやっぱり相手しますね。

　何日目かに「信也、お前も一度飯塚さんの話を聞いてごらん。素晴らしい人だよ」って言ってね。それで一度会うことにしたんです。最初の出会いでこの人がいるチームなら入っても良いかなと思いました。

長谷川　その時点で、佐々木さんが大学4年の時に、トンボがシーズン終わって最下位で、どれだけユニオンズのことをご存知だったんですか？

2015年のOB会の様子

佐々木　全然（会場爆笑）。まったく。

長谷川　当時プロ野球に関心、興味はありました？

佐々木　全然、見もしない。自分がそのレベルと思わなかったしね。

長谷川　弱いチームだったことと、お金がないチームということは……。

佐々木　それくらいは漠然と知っていた程度。

長谷川　高橋龍太郎オーナーは、とにかく六大学野球が好きで、早稲田と慶應のスター選手が欲しい、佐々木さんが絶対欲しい！　と言っていたと秋山さん（高橋龍太郎オーナーのお孫さん）が言っていましたが、龍太郎オーナーとは会ったんですか？

佐々木　いや、会わずにいましたね。ところで池井さん、その頃高橋ユニオンズに興味持っていなかったですか？

池井　変なところに興味持っていましてね。当時、兵頭冽《ただし》という選手がいてね、それが小学校の同級生でね（え〜！　会場どよめく）。四国へ行って消息不明で、おーいあの兵頭じゃないか？　行ってやろうよ！　ということで、先発で出ないもんだから、「監督、兵頭だせ〜」って応援に行ったんですよ。

佐々木　ひょうちゃんは、とっても生真面目で良い男でね。彼は、「高橋ユニオンズOB会」の幹事、ずっとみんなに連絡しちゃ、会場をおさえて、2013年亡くなったんですよ。「高橋ユニオンズ」もだいぶくたばってきたので、もう終わりかな〜という時に、秋山さんという高橋龍太郎さんの外孫に当たる人が連絡係をしてくれることになって。

プレーヤーOBは4人？　まあ、OB会なのに長谷川さん毎年来るんです。（会場爆笑）

長谷川　7、8年毎年参加しています。

佐々木　そういう人が何人かいて、選手より多いんです。（会場爆笑）

本の序章はユニオンズOB会

長谷川　この本（『最弱球団 高橋ユニオンズ青春記』）を文庫化する時に、あとがきに書いたんですけど、ファンイベントになっていますよね。

佐々木　これが面白いんですよ。

長谷川　高橋龍太郎さんて方は、この本の取材を通じて、本当にお会いしたかったし、すごく野球を愛していたオーナーだったんだと、胸を打たれていたんですが、佐々木さんは直接声をかけられたりしたんですか？

野球カードの佐々木信也氏

佐々木　直接はなくってね、運転手の方から、「バックミラーで見たら、何か計算しているんですよ。『オーナー、何計算しているんですか？』って聞くと、『佐々木君が今日3本ヒットを打ったから、打率がどのくらい上がるか計算してるんじゃ』と。そういう方だから、他のチームのオーナーとは違いましたね。

ただ、本当に申し訳ないけど、チームが解散したあと、オーナーに一度も会わなかったんですよ。挨拶《あいさつ》に行くべきだったですね。時間を作ろうと思えば作れたんですけど…。長谷川さん、あのOB会の雰囲気は独特でしょ？

長谷川　この本の序章、ユニオンズのOB会で始まるんですけど、あれは70代後半、80代前半の方々が集まって、銘々がお酒を呑んだり、お茶を呑《の》んだり、なんか学校の同窓会なのか戦友会なのか、全くわからなくて、少なくても元プロ野球選手とは思えないんですよね。

でも、みんな一人ひとりが話すのは「あの時のスタちゃん（スタルヒン）の投球は速かった」とか「あの時河内（卓司）さんに怒られた」とか、伝説の選手の名前がちらほら出てきて、やっぱり、この人たちはプロ野球選手なんだ、というのがあの会の面白いところで、そこでも佐々木さんが司会進行をしてくれるので、みんなの思い出をうまく引き出してくれるんです。みんな生き生きと語られますよね。

佐々木　この本（『最弱球団 高橋ユニオンズ青春記』）の表紙の写真は大阪の宿の玄関先で撮ったのですが、宿泊費1泊2食で1日600円だったそうです。今の値段だと6000円ぐらい？　1万円まで行っていないかもしれないね。肉の塊等は出たことない。私の小遣いの90％は食費で、栄養をつけるためにね。

ある時にその宿の夕飯に肉が出たんです。「おい、今日はステーキだよ」。食べ始めて、ちょっと味が違うけど、やっぱ肉だ！なんて食べて、夜11時過ぎにお腹《なか》が痛くなってきてトイレに行ったらねぇ、行列ができているんですよ。後でわかったんですけど、馬肉の傷んだのを食べたみたいなんですよ。（会場爆笑）

それからね、最近は飲まなくなったけど、正露丸を50粒ぐらい飲んで試合にのぞんだんです。とりあえず、出ないといけないから（笑）。

表紙の写真は遠征先の大阪で撮られたものという

相手は南海ホークスです。トップバッターだから、バッターボックスに入って、南海のキャッチャーが松井さん（松井淳・1949年入団）で「松井さん、実は昨日なんかに当たって、みんなピーピーなんです。よろしくお願いします」って言ったんです。そしたら「よしわかった！じゃ～佐々木直球が来るぞ」って教えてくれて、力がはいらないからうまくジャストミートしてポーンとヒットになったんです。

そしたら「お前嘘《うそ》だろ！」「いや、本当だから見ててくださいよ」てことがありましたよ。ひどいチームでした。

『野球雲』創刊号をもつ佐々木信也氏

奇跡の平和台ダブルヘッダー連勝

長谷川　当時、西鉄ライオンズにいた豊田（泰光）さんにも、取材したんですけど、豊田さんは高橋ユニオンズとやるのは嫌だったようで、弱すぎるから相手にならないので、打っても嬉《うれ》しくないし、勝っても当たり前だし、そんな雰囲気は伝わっていましたか？

佐々木　いやね、生意気なやつでね、豊田っていうのは（爆笑）。ヒットを打つとね、「おーい信ちゃん、よく打った」って褒めてくれるんですよ。こちらはバカヤローですよ。

長谷川　年齢は同じくらいでしたっけ？

佐々木　私は中西太と同じ学年なんで、豊田はひとつ下なんですよ。当時の西鉄ライオンズのバッティングは、平和台球場の場外に中西、豊田はホームランを打つんです。日本で一番大きいホームランは、中西が打ったもので、センターのバックスクリーンから出て行ったとされているんですけど。

私の見た範囲では、川崎球場の左中間場外の打球で、スタンドの照明灯の櫓《やぐら》の上のほうから、明治チョコレートの看板の「チ」のあたりを勢いのあるままライナーで抜けていったのが、一番大きいホームランじゃないかと思うんです。

推定だけど160～170メートルは飛んだんじゃないかな。打った途端に外野手が一歩も動けない。あんまり見事なんでね、悔しくもなんとも思わない。「ボーッ」とボールを消えていったのを眺めながら、太の足音が聞こえてきて、私はそっちを見ないで「ナイスバッティング！」と言ったら「サンキュウ〜」と返してきましたよ（爆笑）。
西鉄にはてんで相手にならなかったですね。とは言え池井さん、日曜日の平和台ダブルヘッダーで、高橋ユニオンズが連勝した時があるんですよ。

池井　あれは、奇跡ですね。（爆笑）

佐々木　後で聞いた話ですけど、当時の西鉄がどれだけ強かったか？　日曜日のダブルヘッターが終わってから、その投手陣、稲尾（和久）、島原（幸雄）、西村（貞朗）、河村（英文）なんて夜釣りに行くんだそうです。夜中に壱岐・対馬のほうまで。河村に聞きましたけどね、「佐々木な、ここカレイが釣れるんだけど座布団くらいあるんだよね」。東シナ海だからすごく揺れるらしく、船の縁につかまって震えているとね、稲尾は船底でグーグー寝ているそうなんです。「おい、サイ（稲尾のアダ名）起きろ！」と言うと「あの〜先輩、鉄の船は沈むけど、木の船は沈まないことになっとる」。そんなこと言う奴と戦っているんですよ。

後楽園で試合なんかするとね、試合終わって選手たちが乗るバスに、まず女の子が5、6人乗るんです。それは東京の彼女なんです。三原監督は「あ〜、いらっしゃい」て調子で私生活も破天荒だったようですよ。

契約金３５０万円は月賦で

長谷川　そんなチームに、ユニオンズは最初から呑まれているんですか？
佐々木　呑むも呑まないも、西鉄と南海ホークス、毎日オリオンズの３チームにはもう最初から見下ろされている。
長谷川　互角に戦えたのはどのチームなんですか？
佐々木　東映と近鉄、大映かな。まあ、それでも向こうのほうが上なんですよ。当時の大映に後藤修、８球団を渡り歩いたため、「ジプシー後藤」と言われた左投手がいたんですよ。
　彼から聞いた話ですが、私が川崎球場でレフトの場外に本塁打を打ったんですよ。後藤が試合が終わってから松木謙治郎監督に頭からウイスキーをぶっかけられたそうですよ。「四番に打たれるのならともかく、佐々木みたいなやつに打たれるというのは何事だということで、お前のおかげで頭からウイスキーをかけられたよ」。松木さんにとっても、ユニオンズというのは落としていけない相手だったんですよ。
　もう、話していいと思うんだけれども、当時、パ・リーグは、勝率３割５分を割ると、リーグに罰金500万円を収めなければならないという決まりがあったんです。前年（1955年、トンボユニオンズ時代は勝率・300だった）も納めていたんですが、その中から350万円を私の契約金として払ってくれたんだと思うんだけど（会場笑い）。佐々木に払うカネがないので、連盟に「こないだ収めたお金を貸してくれないか」。（笑）

慶應の佐々木を取りたいからということらしいけど……。

長谷川　ちなみにその350万円も月賦ですもんね。契約書を見ると分割ですね。

佐々木　……ほんと……？（会場笑）

長谷川　なんか、毎月75万ずつでしたよ。

佐々木　それ覚えてないよ。小切手なんですよ。あれありがたくないですね〜。当時のスカウトたちはね。その頃はもう1万円札出ていたんだけど、わざと千円札にして風呂敷包みにいれて、それで選手を取りに行くんですよ。

風呂敷開けてね、オタクの息子さんはこれだけの価値がある、そうすると、「ちょっと待って下さい」といって、お父さんとお母さんが隣の部屋で数えるんですって！　1枚ずつ。それを待っている時が至福の時間で、「あ〜取れたと思ったよ」という話を聞きました。でも、その分割の話は本当なの？

長谷川　秋山さんの本にも、経理の伝票にもありました。
佐々木　そこまであるんだ（笑）。（会場も笑）
長谷川　さっきの食事の話がありましたけど、待遇面で他と比べて貧しいということはありましたか？
佐々木　え〜とね。何が辛かったというとね、列車の移動が辛くてね。東京〜大阪間が特急で8時間、大阪〜博多間が10時間。もちろん普通車、3等車でね。これが辛くてね。特に大阪〜福岡間が当時は蒸気機関車で、冷房もなくて窓を開けるから煙が入ってくる。グリーン車（当時の二等車）だけ冷房が付いている。
池井　いや、※特二ですよ。（笑）
※特二＝リクライニングシートの二等車で二等料金に追加料金を徴収した（1950〜58年）。
佐々木　特二か（笑）。いろいろ考えましてね。特二の女性（スタッフ）に野球のチケットを渡してね、そうすると、大阪を出てから呼びに来るんですよ。「佐々木さん、もう大丈夫ですよ」って。冷房の効いたところで福岡まで行ったことを覚えていますよ。
長谷川　伊藤四郎さん（56年21勝投手）というユニオンズのエースが、「信也くんはうまいんで、スターで湘南ボーイだったから車掌の女の子にいつも話をつけて、俺たちを冷房のある車両まで案内してくれたんで、佐々木を前に出して頼んでいた、って言っていましたね」。

佐々木　頭使わなくちゃ。（会場笑）

罰金を免れた3割5分1厘

長谷川　罰金がかかっている最後の試合で勝率・350を切ってしまうかどうかの瀬戸際で、今で言う、片八百長というか、勝ちを譲ってもらう代わりに、相手チームのタイトルがかかっている選手に、タイトルを取らせてやるということを最後の試合でするんですが、この試合にも佐々木さん出場していますよね。

佐々木　もちろん。勝つと・351、負けると・349。それで、試合前にマネージャーが対戦相手の毎日オリオンズの別当（薫）監督のところへ行きまして、「こういうわけなんで、今日はよろしくお願い致します」と言ったら、「いいだろう」ということになってね…。あの人は本当にいい人だ。（会場笑）

「その代わり、うち（毎日）にもタイトルがかかった選手が2人いる。1人は投手の植村（義信）で3イニング投げると、勝率が1位になる」

長谷川　規定投球回数に達するんですよね。

佐々木　「それから山内一弘があと1本二塁打を打つと二塁打のシーズン日本記録に並ぶ。2本打つと新記録ということでこれをよろしくお願いします」と頼まれたら、「お安いご用で」ってことで。（会場爆笑）

　山内が最初レフトフライを打ったんですよ。そしたらレフトがバックしてって、フェンスまで行って、前にポトンと落ちて、タイ記録ですよ。2本目は、センターの右にヒットを打ったんですよ。そしたら、センターがそのボールを蹴っ飛ばしまして、ボールが転々と転がるわけですよ。ランニングホームランになりそうな感じなのに、山内はセカンドベースから動かないんですよ。それで、新記録です。昔はそうやって記録を作ったんです。

　勝ちの方はですね。1回から3回までは、毎日の中川（隆）という投手が、全部直球なんですよ。でも、打たせてやろうと思って軽く投げると「びゅ〜ん」とボールが唸《うな》ってくる（会場笑）。もう、ノーヒットです……。3回終わったところで、うちのマネージャーが毎日のベンチに、「ピッチャー代えてください」って言いに行ったんです（会場爆笑）。

代えてもらって、4点取って4対0で楽勝かなと思っていたら……。

長谷川　9回、最終回ですね。

佐々木　毎日の9回か、打者が適当に振ったら当たっちゃって三塁打になっちゃって、4対3まで追い上げられちゃって。最後のバッターが橋本力というやつでね、これが見事な空振り三振でね。その演技が認められたからわからないけど、大映の映画俳優になりました。（会場笑）

長谷川　その場面、橋本さんにもお話を伺ったんですけれども、やはり、全部記録のことなど知っていたので、かと言って露骨な空振りができないので、今まで経験のないプレッシャーを感じて（会場大爆笑）。絶妙な空振りをしたその後、大映の特撮映画『大魔神』の中に入って（スーツアクター）活躍しましたね。

佐々木　いつも斬られ役で、いつも殺される役でしたね。

長谷川　それで、・351になって罰金は免れたんですが、試合後のチームはどのような雰囲気だったんですか？

佐々木　まあ一応、仕事をしたって感じですね。

泣き別れの3月6日

長谷川　しかし、翌年（1957年）のキャンプで、突然「ユニオンズ」の解散が決まってしまうので、その試合が最後になってしまったんですが。

佐々木　私がプロに入って2年目のキャンプに入る頃から、嫌な情報が入ってくるんです。もしかしたら、高橋は解散かもしれん、合併するかもしれん、ということで、選手がやる気を無くしちゃうんです。コーチ連中が「今日はやめや！」って言ってね。練習をやったりやらなかったり。非常にいい加減でした。

夜も毎日飲みに行って、キャンプ地は岡山だったんですけど、泊まっていた宿舎から、歩いて5分くらいのところに「アジア」というキャバレーがあったんですけど、そのキャバレーに毎晩のように通っている奴がいて（会場笑）、私も6、7回行きました。

ある時、キャバレーのショータイムの時に、「高橋球団選手の紅白歌合戦」ってでてるんですよ。（爆笑）。そこで歌いました。

長谷川　そこで何を歌ったか覚えていますか？

高橋ユニオンズ最後の写真

佐々木　「シンギング・イン・ザ・レイン」

長谷川　皆さん、キャバレー「アジア」の話をするんですけど、「信也が歌ったシンギング・イン・ザ・レイン、しかも英語で歌った。さすが、あいつはやっぱり慶應だ」と言っていましたね（会場爆笑）。あれ、賞品も出たんですよね。

佐々木　何かもらいましたね。

長谷川　解散の噂《うわさ》のある中、キャバレー「アジア」に行って、結果的に3月6日に解散して、あの日のグラウンドは、どういう状況だったんですか？

佐々木　練習していたら背広を着た人が5、6人入ってきたんです。「やだな～あの背広の人たちの感じ嫌だな～」と思っていたら、すぐに、全員集合とバックネット前に集まって、球団代表が「大変残念だけど、今日を以《も》って高橋ユニオンズは解散する」と。

その後は、非常に事務的で「これから呼ばれる選手は前へ出ろ」。私は一番最初に「佐々木！」って呼ばれた。なんか使えそうな選手に番号をつけてね1、2、3、4、5、6……こんな番号をつけて、1番と4番、7番は大映、最下位のチーム。真ん中（残り）が東映、次が近鉄かな？　そうやって割り振って、記録によると「高橋ユニオンズ」は大映と合併ということになっていますが、実は、解散なんです。完全に。

選手をこう割り振ったんですな。近鉄に4人、東映に6人、あと大映に17、18人。残りの10人くらいは「クビ」。その場で泣いて別れたっていう感じでしたね。私は、大映のキャンプが倉敷だったんで、ユニオンズの岡山とは近かったんでね、すぐその日の夜のうちに倉敷に行ったんです。結局、その時別れた10人ぐらいとは会っていないんですよ。辛かったですね。

まあ、そういう事情を、長谷川さんが取材しているうちにのめり込んでね（笑）。

長谷川　その3月6日の場面というのは、皆さんに伺って、それぞれみんな佐々木さんみたいにある程度予感をしていた人もいれば、新人の人なんか全くそのことに気が付かなくて、青天の霹靂《へきれき》だって人もいたし、最後、人買いに買われていく感じで、ある者は倉敷、ある者は東京へ、と本当に切ない場面ですね。

佐々木さんのことは、大映 東映、近鉄で争奪戦があったみたいですね。その中で大映に行った理由は伺っていなかったのですが。

佐々木 私が聞いたのは順番つけたということで、私が200万円でトップで、次が180万円、150万円という金額をつけたということです。

長谷川 トレードマネーで佐々木さんが一番高くて、その200万円が解散のためにお金が必要だから、すごく助かったって菅野（章吾）さん（会計担当）が言っていましたね。

プロ野球80年の歴史の中で、3年間しかないチームの1年に在籍して、佐々木さんはどのような意味というか、思いがありますか？

佐々木 いや〜、たまたまそこに紛れ込んだ感じで、弱いチームの中でもがき苦しんで。でもベストを尽くして、ファンを楽しませようと努力はしました。ただね、高橋ユニオンズの平均入場者数は何人ぐらいだと思います？ 2300人です。

最後、西鉄ライオンズの優勝が決まったあと、消化試合を藤井寺球場で近鉄と日曜日のダブルヘッダーをやったんですね。でね、とにかくお客が少ないんです。セカンドを守りながら数えたんです。順番にネット裏から……、32人です。両軍選手50人です。32人しかいない球場でダブルヘッダーをやったのは辛かったですね。

でも、その人たちを楽しませないといけないので、ベストを尽くしましたよ。藤井寺ってね、なんとも言えないヤジでね。東京より大阪のヤジのほうがなんか楽しいですね。一度私、ヒット3本打ったんですよ。で、4回目の打席に立ったんです。そうしたら、近鉄の応援団から「佐々木、打たんでくれ！　俺の妹くれてやるから！」（会場爆笑）。あれには笑ってね、打てなくなっちゃいました。

最近の野球ではそんなヤジはなくて。昔のヤジは楽しかったですね、守っていると両軍のヤジが聞こえてくるんですから。

慶應同級生藤田は野球紳士

長谷川　当時、対戦して得意だった投手、苦手だった投手はいますか？

佐々木　不思議とね、1年おきなんです。阪急の米田哲也ね。当時155キロぐらい出ていたんじゃないかな。1年目に打ったんですけど、翌年ひねられました。向こうも攻め方変えていて、でも3年目に打ったりして。西鉄の投手はみんな嫌でしたね。

長谷川　稲尾和久さんはどうでした。

佐々木　稲尾は嫌でしたね〜。あんなコントロールのいい投手はいなかったですね。アウトコースのスライダー、3センチ出し入れ可能と言っていました。

島原幸雄とか河村久文（英文）とかシュートがすごくてね、エゲツなくてね。しかしね、池井さん、いい投手はみんな早死になんですよ。

池井　そうか……、長生きしてるのはカネやん（金田正一）くらいか？（会場爆笑）

佐々木　本当だ！　杉下茂さんもいるね。でも、私たちの世代の巨人・藤田元司も大洋・秋山登、南海・杉浦忠、皆川睦雄、西鉄・稲尾、河村、当時のエースが早く亡くなっている。投手には負担が多すぎるのでしょうかね。

池井　アメリカはどうでしょうかね？　アメリカはあまり関係ないけど、分業システムになってから、選手生命も延びて長くなりましたけどね。

佐々木　池井さんとは情報交換するんですよ。まあ詳しいです。記憶力ものすごくいいですね。

池井　そうでもないけど、佐々木さんが神宮球場で大チョンボしたシーンとかね（笑）。

早慶戦のトップバッターで木村保（後に南海入団）からキャッチャーフライ上げたんですね。でも、ファウルだから走らない。そうしたら、ひゅ～、と落ちてきて内野に流れてきてて、それをポロッと落として。佐々木さん走らないから、拾って一塁に投げてアウト、とかね。（会場爆笑）

佐々木　そういうのは忘れるの！

池井　藤田元司がツーストライクを取りながら、その後連続ボールで四球になり、「藤田のバカ～」って言ったり。いろいろ覚えていますね。佐々木キャプテンの時代には慶應は優勝できなかったですね。

佐々木　藤田といえば、同級生なんですけど、立教との試合で2アウト満塁で私、ショート守っていて、トンネルして2点取られて0対2で負けた試合が忘れられないですね。藤田に謝りながらボール返してね…。

そしたら、人をなじるという態度をこれっぽちも見せないで「佐々木忘れろ！　あと頼むぞ！」…。本当にいい男でしたね。でも、日常生活はめちゃくちゃなんですがね（会場大爆笑）。野球を始めたら紳士もいいところでね。本当にマナーの良い投手でしたよ。

彼は監督を7年やったでしょう。そのうち4回はセ・リーグ優勝、日本一が2回。名監督だと思うのですが、選手たちを可愛いがって、ソフトバンクの工藤（公康）監督も、選手の心を大事にしているようですよ。

藤田も選手を可愛がって、出るか出ないかの選手にも毎日声をかけてメジャーの監督も声かけるのでしょうかね。

池井　かけるタイプと川上（哲治）さんみたいに声をかけづらい監督といますね。

佐々木　今はどちらが成功しますか？

池井　今は「声かけ型」でしょうね。

佐々木　藤田は見事でしたね。

池井　長嶋茂雄監督がやめたあとでしたからね。アンチ藤田が多くなって、うまく中畑清を取り込んでね。それがうまかったようですね。

あと、川崎球場の雰囲気はどうだったんでしょうかね。僕行くとトイレの臭いはただよってくるしね〜。大リーグの格言に「トイレがきれいでも客は来てくれないけど、トイレが汚かったら二度と来てくれない。」というのがあってね。本当に川崎はひどかった…。

佐々木　ロッカーもひどかったですよ。風呂も汚いしね。

長谷川　あの当時、国内随一の照明を持つ球場で有名でしたけど、他の球場と比べてどうでしたか？

佐々木　どうでしょうね。あんまり感じなかったな。内野は結構明るいです。でも外野が暗いんです。特に、明るい暗いは、なかったですね。

武田　他の球場で佐々木さんがプレーしやすいところとかありましたか？

佐々木　あの当時は土のグラウンドでしょ。関西の球場は西宮も甲子園も土が硬いんです。バウンドがシャープなんですね。だから、甲子園、阪神の内野が一番うまくなるッて言われていたんだけれども、まあ、人工芝は目をつむっていたってゴロは捕れますよ。

１つだけ自慢話を。私の頭の中で、あれが最高のプレーだったな～というのはある地方球場で、ツーアウト・ランナーなし、セカンドの私のところへ平凡なゴロが転がってきた。何でもないゴロ、丁寧に捕りに行ったんです。１メートルくらい手前で小石に当たって跳ねたんですね。グラブで捕りにいかないで、右手で捕って、そのまま送球したんです。自分にとっては超ファインプレー。無意識のうちに反応したのが嬉しかったですね。何万回、何十万回とゴロを捕ったけど、練習の賜物ですね。

人工芝は目をつぶっても捕れますからね。選手に言わせると、ちょっと小雨が降って、濡《ぬ》れてる時が難しい、と言っていました。

あとは楽ちんです。今では年間エラーで多いのはスローイングのエラーかな〜。私は3回から5回かな。エラーの数は。

武田　話は尽きませんが、時間がまいりました。興味深いお話、ありがとうございました。

（※対談＝２０１５年９月27日ＱＶＣマリーンフィールド フィールドテラススイートにて）

第3章

永田ラッパとビール

「高橋ユニオンズ」の歴史は、高橋龍太郎翁のお孫さんにあたる秋山哲夫さんが畢生《ひっせい》の研究書を作られたし、文庫化された長谷川晶一さんの名作もある。

屋上屋を重ねる愚を避けて、ここでは高橋ユニオンズをもう一つ外側から眺めることにしたい。

広尾 晃

永田ラッパ
映画ブームで時代の寵児《ちょうじ》に

永田雅一（１９０６～１９８５）は、京都市に生まれ。幼い時に家産が傾き、辛酸をなめたが19歳で映画界に入り、41歳で大映を設立。政財界から裏社会まで、幅広い人脈を駆使し、戦後の映画ブームに乗じてのし上がった。

新興の映画会社だった大映が、東宝、東映などに伍《ご》す大企業になったのは１９５０年、『羅生門』の成功がきっかけだった。当時、東宝争議でフリーになっていた黒澤明が、所属していた映画芸術協会を通じて台本を大映に売り込み、実現した映画。これがヴェネツィア国際映画祭金獅子賞とアカデミー賞名誉賞を受賞したことで、大映の名は一躍天下に鳴り響いた。

当初は「ようわからん」とこの作品を気に入っていなかった永田だが、「時代物大作が当たる！」と見るや、『源氏物語』『雨月物語』『地獄門』と立て続けに大作を打ち出して評判をとった。

１９５０年当時の映画館入場者数は８０００万人。１９５８年にはピークを迎え11億人を超える。今、最大の観客動員を誇るプロ野球が、セ・パ両リーグ合わせてやっと2500万人強だから、どれほど大きな動員数だったかがわかる。

1959年の皇太子（現上皇）のご成婚を機に、日本はテレビ受像機が急速に普及するが、それ以前は、家族揃《そろ》っての最大の娯楽といえば映画だった。新作映画が毎週封切られ、人々は映画館に押し寄せた。今のテレビ業界に匹敵するような巨大コンテンツ産業だったのだ。

女、競馬、野球、映画

永田には不思議なところがあり、女、競馬、野球、映画以外にはまったく関心がなかった。

「芸者に社業を決めさせた」と言われるくらい女性に甘く、公私混同が激しかった。そしてトキノミノルという10戦10勝の名馬のオーナーだった。さらに、1948年プロ野球チーム、金星スターズを買収して大映スターズを創設。

永田は何事にも優位性を主張するセ・リーグ、正力松太郎に猛烈な対抗心を燃やし、パ・

リーグの繁栄をもたらすために、1953年、パ・リーグの総裁（今までなかった役職、永田が新設、コミッショナーより偉く見えるとご機嫌だったという）に就任。当時、奇数の7球団で興行的に支障が出ていたパ・リーグにもう1球団を創設することを提案する。同時に、勝率が3割5分を割った球団には制裁金500万円を科するというルールも決めた。

「マーケットが奪われる」と反対するセ・リーグを尻目にパ・リーグだけでこれを決めた永田は、新球団のオーナー探しに奔走するのだ。

永田雅一（ながた・まさいち）
正力松太郎に猛烈な対抗心を燃やした

高橋ユニオンズにみるマッチポンプ

永田雅一の不思議さは、当時、経済的にも権力的にも絶頂期にありながら「自腹を切る」

ことを極端に嫌ったことだ。新球団くらい自分が間接的に出資すれば簡単にできそうだったが、そうはせずに、アサヒビール（大阪麦酒）に新球団の創設を打診、断られると系列の大日本麦酒の元経営者で、政財界の大物だった高橋龍太郎に話を持ち掛けた。

当時、日本サッカー協会の会長で、戦前にはイーグルスというプロ球団のオーナーでもあった高橋はこれを承諾。まったく異例なことに、個人のポケットマネーで運営されるプロ球団「高橋ユニオンズ」が誕生した。

永田は、「新チームには積極的に大映の選手を供出する」と約束したが、ふたを開けると引退間際だったヴィクトル・スタルヒンを出しただけ。南海や毎日が多くの選手を供出してチームはスタートした。

高橋ユニオンズ創設の年、勝率3割5分を割ったのは、皮肉なことに言い出しっぺの永田がオーナーを務める大映だけ。永田は今の金で5億円に相当する制裁金をパ・リーグに収めることになった。

自分の言ったことで自分の首を絞めるブーメラン現象も永田雅一にはよく見られることだ。

高橋ユニオンズの運営は、困難を極めた。このために、高橋龍太郎は多くの私財を失った。その挙げ句、立ち行かなくなったユニオンズは、永田の大映と対等合併を強いられ、大映ユニオンズとなる。これもブーメラン現象だ。さらにパ・リーグは奇数の7球団になり、その弊をただすために大映ユニオンズは毎日オリオンズと対等合併して、毎日大映（大毎）オリオンズに。

「今太閤」の最期

大毎になっても永田雅一はオーナーとして権力をふるった。1960年には監督就任1年目でリーグ優勝した西本幸雄を、日本シリーズの采配を責めて辞任させている。

永田は、用兵にも口を出し、作戦面も指示をした。このころ、永田は急成長するテレビ業界に対抗するために、「六社協定」で俳優のテレビ出演を規制したが、かえって有名な俳優が大映を退社、映画業界の斜陽化とも相まって、急速に力を失っていく。

「永田ラッパ」といわれた景気の良い放言も聞かれなくなった。映画産業の斜陽化の中で、大映は1971年に倒産。永田はすっかり落魄《らくはく》して世を去った。

永田雅一をおろかなワンマン経営者と見ることもできようが、人を喜ばせること、驚かせることに夢中になった明るい人物だった。「今太閤」の名前がふさわしいだろう。

私財をなげうってユニオンズを創設、維持した高橋龍太郎は、永田に対して一言の文句も言わなかった。その大人の風格は、永田雅一と好一対と言えるだろう。

ビール

明治のビールブーム

日本で最初にビールが飲まれたのは、江戸中期。オランダ商船の使節団が江戸幕府に献上したといわれる。当時の人の口に合ったかどうか。

1870年に横浜・山手の外国人居留地でアメリカ人のウィリアム・コープランドによって日本初の醸造所「スプリングバレーブルワリー」が設立される。さらに2年

高橋龍太郎（たかはし・りゅうたろう）
私財をなげうってユニオンズを創設、維持したが、永田に対して一言の文句も言わなかった

後には、大阪で渋谷庄三郎によって「渋谷ビール」が設立され、日本人として初めて本格的にビールの醸造・販売を行った。そのころからビールはブームとなる。1877年には官営ビール事業が始まり「札幌ビール」が生まれる。のちに民間に払い下げられ「札幌麦酒会社」となる。さらに、日本麦酒醸造会社が1890年に恵比寿ビールを発売、1892年には大阪麦酒株式会社がアサヒビールを発売した。高橋ユニオンズのオーナー、高橋龍太郎は、この時期に京都大学から大阪麦酒に入社。ドイツに留学し、醸造技術を学ぶ。

巨大企業「大日本麦酒」

1906年に日本麦酒、札幌麦酒、大阪麦酒が合併して「大日本麦酒」が設立された。翌年には麒麟麦酒が設立された。高橋龍太郎は、大日本麦酒株式会社の吹田工場長に就任。

戦前、大日本麦酒のシェアは75%、麒麟麦酒は5%。ただし大日本麦酒は、アサヒビール、サッポロビール、エビスビール、ユニオンビールの4ブランドで展開していたため、庶民の中には同じ会社だと知らない人も多かった。

高橋龍太郎は、１９３７年に62歳で大日本麦酒株式会社の社長に就任。多趣味な人で、前述のように戦前、正力松太郎に頼まれてプロ野球イーグルスのオーナーを務めたこともある。また、ヒット曲「王将」で有名な将棋の阪田（坂田）三吉の後援者としても知られ、１９１３年「明日は東京へ出ていくからは」の東京初挑戦の際には資金援助をしたといわれる。

戦後、大日本麦酒は過度経済力集中排除法により朝日麦酒株式会社と、日本麦酒株式会社に分割される。もともと大日本麦酒は、西日本ではアサヒビール、ユニオンビールを売り、東日本ではサッポロビール、エビスビールを売っていた。工場も違い、味、品質も異なっていた。

高橋龍太郎は12年の長きにわたって社長を務め、１９４９年、会社分割を見届けて退任。１９５１年７月には第３次吉田（茂）内閣の通商産業大臣に就任した。当時75歳。

高橋龍太郎の退任後、朝日麦酒と日本麦酒（のちサッポロビール）は、激しくシェア争いをする。露骨な足の引っ張り合いなどもあり、当時の新聞には「高橋翁がいたなら」という記事もあった。

バブルの時期まで、銀座や大阪キタ新地あたりでは、新しい店ができるたびにビール会社の営業マンが押しかけた。とにかくビールを入れてくれるまで毎日来て、看板まで飲むのである。「酒業の営業マンは胃を取って一人前」と言われたものだ。

キリン、サントリー、スーパードライ

漁夫の利で間隙をぬって急成長したのが、戦前の弱小メーカーのキリン。もともと三菱資本の会社であり、旧三菱系のネットワークを使って急速にシェアを伸ばし、一時は50％という絶対的なシェアを得た。

1963年、サントリーがビールに参入する。戦前に少し参入して失敗し、撤退していたが、創業者鳥井信治郎が息子の2代目佐治敬三に「やってみなはれ」と許可したことから始まった。しかしサントリーのビール事業は実に45年間にわたって赤字を垂れ流し、「ザ・プレミアム・モルツ」などによって2008年度に初めて黒字転換した。

戦後、ナイターが始まると、球場でのビールの販売も開始されたが、ここでもアサヒ、サッポロ、キリンのつばぜり合いが展開された。どの球場も曲折を経て、各社のビールが

販売されるようになる。１９８７年、アサヒビールは「スーパードライ」を発売。これが劇的な大ヒットとなり、１９９７年にはシェア1位の座をキリンビールから取り戻す。

しかし絢爛《けんらん》たるビール戦国時代はこのころがピークだった。１９９０年代の低成長期に入ると、税制上安価な発泡酒が普及し、ビールメーカー各社もこれに参入。いまでは「本当のビールってどんな味やったかいな」という時代になった。

そもそも、若者がアルコールを飲まなくなり「とりあえずビール」は、おやじ臭さの象徴のようになっている。

互いを蹴落とすような激しい争いの歴史を持っていること、昭和のある時期を象徴する庶民文化の小道具であること、そして今や若者から見放されつつあること、などなど、野球とビールはよく似た色合いを持っている。球場で飲むビールが素晴らしくうまいのは、当たり前だという感じがする。

「日本のビール王」高橋龍太郎が、愛するプロ球団につけた愛称「ユニオンズ」は、かつて自らが手掛けたビールの銘柄「ユニオンビール」に由来する。龍太郎翁は、愛する対象があり、それに入れ込む楽しさを知っていた、本当の大人だったのだと思う。

高橋ユニオンズのあった時代
高橋龍太郎
UNIONS
ヴィクトル
スタルヒン
佐々木信也6
新人154試合
1956
1954年6位
監督　浜崎真二
53勝84敗3分
タイムトマソン

作・画
たか橋ひろき

チョップ
力道山
ゴジラ上陸
祝中日V
西沢道夫(中日)
ディマジオ
モンロー
新婚旅行
来日
アウト
セーフ
ヨヨイノ
ヨイ
野球けん
青木はるみ
最優秀選手
杉下　茂(中日)
大下　弘(西鉄)
最優秀新人
広岡達朗(巨人)
宅和本司(南海)
1954

幻のチームの幻となった巨人投手

高橋ユニオンズの選手になる可能性があったジャイアント馬場

広尾晃

高橋ユニオンズは、佐々木信也の兄の道也などがスカウトを務めていたが、スカウト網も弱かった。1954年の秋に、のちのプロレスラージャイアント馬場が高橋ユニオンズの入団を考えていた。新潟県三条実業の投手だった馬場は、2年夏の地方大会で1回戦で敗退。プロ野球入りを考えるようになった。

この年の野球専門誌『野球界』の9月号には「高橋球団で新人の採用試験」という記事が載っている。

「パ・リーグ高橋球団では明年度球団強化のため一般から新人を募集する。選考は八月二十日午前九時から川崎球場で行われるが希望者は十九日までに身長、体重などを記入した履歴書を添付して、東京都中央区銀座一ノ三ユニオンクラブまたは川崎市富士見町川崎球場内ユニオンズ新人募集係あて申し込めばよい。なお当日は野球用具、昼食持参となっている」

プロレス界の巨人となった馬場正平（『ブルーザー・ブロディ 30年目の帰還』より）

馬場の相方の捕手、高橋伸義は「このチームならばテストしてくれるかもしれない」と考えて、馬場を誘って願書を送った。

果たして、高橋ユニオンズから返事が来た。

「岡山にテストを受けに来い」

岡山は高橋ユニオンズにとって準フランチャイズのような土地だった。チームの結団式も岡山県営球場でやったし、1年目のキャンプも張った。そこに二人を呼んだのだ。

しかし新潟から岡山は遠いので行けないと返事をすると、今度は「本拠地の川崎球場に来い」という返事が来た。これは、正式のテストである。しかし馬場はこのテストは受けなかった。その前に、巨人のスカウトから声がかかったためだ。

この年のユニオンズの入団テストでは、十人の選手が合格している。その選手の生涯成績。

投手

川田幸夫	足利工	通算0勝
大庭　宏	佐世保工	通算0勝
鈴木延王	本庄高	一軍出場なし
柿原　功	佐賀高卒	一軍出場なし
長谷川宏司	横浜商	通算0勝
石崎正勝	岡山工	通算0勝
見乗敏茂	八幡浜高	打者転向　通算0安打

捕手

青木　惇	相洋高	通算38安打

内野手

板倉　強	関西高	一軍出場なし
青戸英夫	安来高	一軍出場なし

その後の巨人での戦績を見れば、高橋のテスト合格者と比べても、馬場の実力は群を抜いていたように思われる。馬場正平がテストを受けていたら、おそらく合格していただろう。

プロ野球界で最も選手層が厚い巨人では、馬場正平はなかなか一軍の試合に出ることができなかった。しかし「最弱球団」高橋ユニオンズでは、はるかに多くの活躍の機会があったと思われる。5勝、うまくいけば10勝くらい挙げた可能性もあろう。

OBを訪ねて
◎青木惇氏
インタビュー

第4章

スタルヒンの決めの一球は速かった

2016年は、プロ野球黎明《れいめい》期の大投手ヴィクトル・スタルヒン生誕100年の年。お訪ねした青木惇さん（2016年取材当時80歳）は、高校卒業後トンボユニオンズにキャッチャーとして入団、スタルヒンの球も受けていたという。
ユニオンズはどんなチームだったのか？　監督・チームメイトたちは？　そして、スタルヒンの球は？　お話を伺いました。

聞き手● 雲プロダクション

ユニオンズにテストで入団

雲　なぜ、ユニオンズを選んだのでしょうか?

青木　僕は小田原市の相洋高校出身なんですけど、部長が夏休みに「青木、こんな球団がテストをするらしい。それで招待状も来ているから行ってみるか?」ということで受けたんです。もちろん、プロ野球なんか入れると思わなかったので、まあ、とにかく受けてみようか、ということで川崎球場に行ったんですよ。

履歴書持っていて、僕の身長は168センチなんですけど、まあ170センチと書いて、ごまかして受けてみたんです。行ってみたら、350~400人くらいいたんですよ。いっぱいだったですね。

まず、遠投やってみたら一番だったんです。肩が良くてね、ここまで100メートルというラインを超えてスタンドに入っちゃって、推定で120メートルくらいでね。

中学の時、陸上もやっていたので、ベースランニングが一番速くて、15秒フラットだったですね。それで、足が速くて肩が強いからということで、その時の審査員がスタルヒンと上林繁次郎というコーチ。

スタルヒンがピッチャーの方をやって、上林さんがキャッチャーをやって、スタルヒンが「あのキャッチャー（青木さん）の方が上林より良いじゃないか!?」って言ってくれて、テストに合格したんです。１９５４（昭和29）年の夏休みに受けて、１９５５（昭和30）年に入団しました。高校野球の夏の大会が終わって、高校ではキャッチャーをやっていて、キャッチャーしかやるポジションがなかった。

小学生からキャッチャーで、キャッチャーだったら学校にミットがあって（笑）、グローブは個人で買わなきゃイケなかったけど、ミットは学校にあるからね。僕は親父が２歳の時兵隊に行って、４歳の時に死んじゃってるから…。おふくろがずっと育ててくれたから、余分な金なんかない。ミットなら学校にあるからキャッチャーだったら野球ができるっていうのでね（笑）。

がむしゃらに練習の日々

雲　青木さんが子供の時に、憧れていた野球選手は誰だったんですか？

青木　そりゃー、もう川上哲治ですよ（笑）。
雲　いよいよ、ユニオンズに入団して、青木さんの気持ちはどうですか？
青木　（プロ野球に）入った！　ということで嬉しくってね。何しろ一生懸命練習をしようと、だから、練習はよくやりましたね。
雲　当時はどのような練習が中心でしたか？
青木　当時はね、指導者というのはいないんですね。なんか聞きに行くと「来た球をひっぱたけばいいんだ！」とかね。走者が走ったら刺せばいいんだとか。細かい技術的なことは教えられませんでした。自分で、見て覚えるしかなかったですね。
　私は当時三軍にいる感じでね。一軍も二軍も遠征に出かければ、合宿に残ったのは、投手と捕手だけ。僕はピッチングを受けるだけで、川崎球場で一軍が試合をやるときは二軍の練習が終わって、合流してバッティングピッチャーのボールを捕ったり、ブルペンキャッチャーをずっとやっていたり、キャッチャーというのは第一に球を捕るということで、「壁」ですよね。
　朝の8時から夜の10時過ぎまでチームに帯同して、二軍も一軍もダブルヘッダーで、ずっと球を受けている。それで鼻血吹いてぶっ倒れちゃってね。当時は浜崎監督でね、マネージャーが怒られて、「青木の管理はどうなってんだ‼」て。朝8時から夜10時までと聞いたら、「そんなにやらせたらぶっ倒れるに決まってんだろう!」って怒ってね。

野球を教えてくれた浜崎監督

雲　話が少しずれますが、浜崎監督は野球殿堂入りしている伝説の野球人ですが、実際、浜崎監督のもとで野球をやってみて、どんな方だったのですか?

青木　体は小さいですよね、五尺三寸(約160cm、公式記録は156cm)。何しろ神様みたいな人ですから、我々にはやさしかったですね。いろいろと言葉で野球を教えてくれ

浜崎真二(左)と金田正一(1963年)

ましたね。だから、遠征で雨なんか降ると、呼びに来るんですよ。「青木、監督室へ来い！」と。当時はホテルでなくて旅館なんですけどね。マネージャーが「スタちゃんと将棋指してるからよく見ろ」と。監督とスタルヒンが将棋を指してる。

監督が「青木よく見とけよ。歩は兵隊だ、馬と香は攻撃型だ。飛車角が三番四番だ。それを決めるのが王様だ。野球も将棋も考えてやるのは同じだ」。野球だけじゃなくて、作戦や攻撃の仕方を教えてもらいましたね。

雲　当時、浜崎監督は直接サインとか出されていたんでしょうか？

青木　当時はブロックサインなんかなかったですから。フラッシュサイン。時計を触ったらヒットエンドラン、手を組んだら盗塁とかね。簡単なサインでした。

雲　浜崎監督というのはやさしかった、という他に、青木さんから見た浜崎監督はプロの監督として、どのように思われますか？

青木　そうですね。細かいことをちゃんと教えてくれましたよね。まあ、（自分の）体も小さいし、監督も小さいし（笑）。そんなところで馴染《なじ》んでくれたかもしれませんが。入った年に広島とのオープン戦で新人戦ということで、二軍を中心にした試合で、僕は2本ヒットを打ったんですよ。その試合で、サイン見逃しをしてしまって罰金を取られたんで

スタルヒンと握手する浜崎監督（左、トンボ時代）

すよ。それを聞いた浜崎監督が「なんで、青木に罰金なんだ。ヒット2本も打っているじゃないか！　それより賞を与えろ！」って言われましたよ。

スタルヒンの決め球アベックボール

雲　1955（昭和30）年に入団して、その時に印象に残った選手、試合などはありましたか？

青木　スタルヒンがピッチングをしている時は、いきなり座らせるんですよ。軽く投げながら、ウオーミングアップをして、段々スピードを上げていくんです。普通は最初は立って、20球から30球を投げさせて、座って捕るんですが、スタルヒンはコントロールに常に気を使っていたんじゃないでしょうか。でも、この頃はだいぶスピードが落ちてきたので、おそらく130キロ後半くらいだったんじゃないでしょうかね。ただ、この一球というのが、速い球でした。

雲　当時のスタルヒン投手の決め球というのは、何だったのでしょうか？

青木　あまりなくて、小指を出したらアベックボールだとか。アベックボールというのはちょっと揺れるんです。シンカーみたいなもので、あまり変化はしないんですが、バッターに聞こえるように、キャッチャーに喋《しゃべ》らせるんですよ。例えば僕が「え！　なにアベックボール…」とか言って相手に「どんな球が来るんだ」と考えさせるんです。何でもない球でも見逃しちゃうんです。

野村克也がささやき作戦で有名ですが、その当時のキャッチャーは言葉によって打者を混乱させたりしてましたね。僕なんかも阪急の伊勢川（真澄）というキャッチャーにある日、ランナーが二塁にいるとき「次はピッチャーだから一塁に出していいぞ」ってつぶやいて「あ～、ちょっと待つか」なんて思わせて、ズバーッとストライクを投げさせたことがありましたね。騙《だま》し合いですよ。

安打製造機・佐々木信也

雲　スタルヒン投手の他に印象に残った投手はどんな方ですか？

青木　コントロールが良かったのは滝（良彦）、中野（隆夫）も良かった。滝さんは毎日（オリオンズ）からやってきて、横手からのスライダーとシュートのコントロールが良かったですね。中野さんというのは、ストレートでもすごい曲がってくるんですよ。スライダーみたいにね。それが、中野さんではストレートなんですよ。カーブはカーブでストンと落ちて来るんですよ。だから、指先のマジシャンってよく言ってましたよ。

雲　ユニオンズのバッターで印象に残る方はどなたでした？

青木　やはり、佐々木信也ですかね。長いのは打てなくてもね、安打製造機でした。一番驚いたのは、バットを少し盛った土に立てて、グリップを上にしてボールを載せて、ボールを打ってもバットが倒れないんですよ。慶應から入団してきてキャンプで見せられて、あれには驚きましたね。

あと、笠原和夫選手もうまいバッティングをしてましたね。バッティング練習で軽く打ってね。なんで強く打たないんだろうと思っていて、それはタイミングを合わせる練習で、目を慣らしているらしく、自分の練習をしてました。僕はそんなバッティングの儀式みたいのはなかったです。とにかく必死にプロの世界に入っていこうとしてました。

雲　ユニオンズは成績は決して良くないですが、細かく見てみると個々の選手が、頑張っている感じなんですが、やはり弱いな～と思ったことはありましたか？

青木　その当時はがむしゃらで、そこまで考えたことはなかったですけど。打撃はよくやったと思いますね。投手はやはり抑えが弱くて大変でした。

伊藤四郎さんが21勝挙げて頑張りましたが、酷使しすぎたですかね。伊藤さんは球は速かったし、スライダーが大きく曲がり、そしてシュート。

盗塁するな～っていう時はキャッチャーだからわかるんです。そんな時、（右打者なら）アウトコースでなくてインコースを投げさせました。打っても詰まってダブルプレー、インコースだと体重が（自分の）左足に乗っているでしょう、体重が乗ったあと左足に体重移動しやすいから、投げやすくなるんです。それも、コーチがいない時代ですから、自分で工夫して練習しました。

雲　髙橋龍太郎オーナーとはお会いしたことはございますか？

青木　1年目の時に、オーナーは毎月球場に来てましたよ。お話はしたことなかったですが、見に来てくれるので、心強い気持ちになりました。

雲　1956（昭和31）年のシーズンは青木さんはどのように野球をしましたか？

青木　このチームは強くなるんじゃないかと思っていました。前の年よりチームが上がってきたんですよね。今年はいけるんじゃないかと思っていました。

雲　この当時、青木さん以外で気になったのが、石川進さん、河内（卓司）さん、兵頭洌《ただし》さん、山田利昭さん、東谷夏樹さんなんです。兵頭さん、山田さん、東谷さんは名脇役のような活躍に思えます。

青木 オールスターにも選ばれた山田さんは千葉の人なんです。同郷の歌手岡晴夫（「憧れのハワイ航路」などで有名）と仲が良かったようです。入った時に僕は背番号65で伊藤四郎さんが66だったんですよ。それで、ゲームに出るようになって57になって、伊藤さんは11になったのかな。

石川さんは大げさな人でね（笑）。デッドボールなんかでちょっと足が痛いと「イテテ‼」なんて騒ぐ。「三味線弾きやがって！」て監督も言ってたんですよ（笑）。そして、一塁に出るとパーッと走りだすんですよ。相手を油断させて走るんですよ。阪急に移って成績を残しましたよね。手首も強くて、カンカンって球を弾き返してましたよ。

兵頭さんは毎日から来て、高橋、近鉄とずーっと一緒だったんで随分可愛がってくれました。

伊藤、兵頭、小沢と共に近鉄移籍

雲　青木さんはその後近鉄に移籍しましたが、ユニオンズと比べてどうでしたか？

青木　ユニオンズのほうが良かったですね。まとまっているというか…、我々はシーズン途中から移籍したんで、キャンプ中だからそのシーズンは決まっているんですよ。誰がどこを守るかとか、ポジションとかがね。よそもんが行ってもなかなか受け入れられないんですよ。

雲　当時、パールスですよね。監督はどなたでしたか？

青木　最初は芥田（武夫）さんで、気に入られたみたいです。次が加藤春雄さん。途中から入団したので、ちょっと受け入れない雰囲気というのがありました。僕と伊藤さんと兵頭さん、小沢さんの４人が近鉄組です。

近鉄に行ったのは、よく近鉄戦で打ったみたいなんですよ。それで近鉄になったんだと思います。

雲　青木さんが、年若くして引退した一番の要因は何でしょうか？

青木　当時はね、南海が400フィート打線、西鉄なんかも長距離打者が多い打線の大型化が流行《はや》っていて、近鉄自身もピストル打線なんて言われてそれを何とか大型にしようとしてたんで、「もうこれでは無理かな〜」と思ってね。

浜崎さんが「ノンプロだったら紹介するよ」って言ってくれたんですが「もう、野球はやらない」とお断りしたんです。それで、浜崎さんが「プロ野球の世界でやったことをサラリーマン生活に活《い》かしていけば5年後には成功するよ」と言ってくれたんです。神様みたいな浜崎さんですから、その言葉を胸に頑張ろうと思いました。

雲　ユニオンズはどんなチームだったと思いますか？

青木　プロ球団はお金がかかるもので、やはり個人経営では限界があったかもしれません。現在は、少年野球に関わっています。息子が少年野球の指導者で、日体大でコーチ学を勉強していて、良い指導者になってほしいと思っています。

それと今の子どもたちは納得させなくてはいけない。昔は指導者が「こうやれ！」と言ったらやったけど、今はきちんとした根拠を示さないといけない。なぜ、そうしないといけないかを伝えないといけない。それには、丁寧にこういう訳だから、こうなんだよ、と子どもたちを納得させるように説明しないといけない。

人間というのは十人十色だから、手首の強い者もいれば、指先が強い者、腕っ節の強い者、それぞれ特徴があるんですね。早く、それを見抜いてコーチングしないといけない。どうしたら子どもたちが伸びていくのか？　それを早く発見して、指導していかないといけないですね。それが子どもたちの幸せにつながると思います。

雲　青木さんは進歩的なお考えだと思います。感銘しました。４年の現役生活でしたが、野球からは人生にどのような影響を受けましたか？

青木　責任感でしょうか。野球の中でそれは見つけられました。

雲　ユニオンズに入団してよかったですか？

青木　そうですね。自分が経験して、どのように動かないといけないかとか、考えて行動することができましたね。２０１６年はスタルヒン生誕１００年になるんですよね。僕と20歳違うんですよ。

ユニオンズ時代の青木惇さん

青木惇（あおきつとむ）
1936年（昭和11年）、神奈川県足柄郡生まれ。1955年（昭和30年）、相洋高校からトンボユニオンズに入団。1956年オフに、近鉄パールスに移籍。1959年引退。

3年しかなかった球団ですけど、2年いたんです。何とか、もう1、2年続けば、チームも伸びていった気がしますけどね。

岡山球場でランニングする選手たち

対談 八川社 牧啓夫 × 野球雲 武田主税

第5章

高橋ユニオンズは本当に弱い球団だったのか？

史上最弱の球団はどこだ!

『野球雲』創刊号で「史上最弱の球団はどこだ!?」というお題で、特集をした。その時、『野球雲』として選んだのが、3位1955年「トンボユニオンズ」、2位1961年「近鉄バファロー」、1位に1955年「大洋ホエールズ」。

今回、野球カードゲーム企画開発の八川社・牧哲夫氏と『野球雲』編集部の武田主税とふたりで、「“消えた球団 高橋ユニオンズ” は本当に弱かったのか？」ということで、あらためて考察してみた。

パ・リーグ3強の時代に

武田　創刊号で、史上最弱のチームをやりましたが、今回「高橋ユニオンズ」を中心として考えた時、当時のパ・リーグの中で、どのような位置だったのか？　記録など資料を読み込んで、考察していきたいと思います。「ユニオンズ」は「史上最弱球団」と言われていますが、もしかしたら、何らかのきっかけで強くなったのか？　どう考えていけば良いでしょうか？　また、佐々木信也さんが加入したことで、あのまま続いたら強くなっていたのか？　あらためて考えていきたいと思います。

牧　当時のリーグの状況がわからないと、語れないと思います。1950年代の後半から60年代の前半まで、パ・リーグはどんなリーグだったか？　私見ですが、3連覇、4連覇が出来る球団が奇跡的に3つもそろってしまった時代なんです。

それが、「南海ホークス」「西鉄ライオンズ」「毎日オリオンズ」ですよ。一番表現として近いのが、2015年の「福岡ソフトバンクホークス」と中村剛也が最高のコンディションでいる「西武ライオンズ」、2005年のバレンタイン監督率いる「千葉ロッテマリーンズ」の3チームがそろっているリーグに、他のチームが「どうしたら5割を確保できるだろう」と思わせるリーグ状態だったのではないかと思います。

その3強がいつも強い状態の中で、単独で見れば今の「ホークス」の方が昔の「ホークス」より強いかもしれないけど、当時の「南海」は、それに近い破壊力を持っていたし、豊田泰光さんが語っているように、50年代の「西鉄」は史上最強のチームだったとOBたちが自画自賛できるくらい強かった。「毎日」も当時のメンバーを見ると1950年の一度しか優勝できなかったのは、逆に奇跡に近いと思うのです。

そんな実力のある球団が3つもある状態で、それよりとても強い球団の「巨人」がセ・リーグにいたんです。そんな状態で生半可な補強では強くなるのは難しいと思います。それは「ユニオンズ」だけでなく、他の4球団にも当てはまる問題だったのです。54年くらいから「阪急」が強くなってきたけど、他はまだ大変な状態。「楽天」が9年目で日本一になったけど、そのくらい時間をもらえれば、何とかなったかもしれないけど、3年では「ユニオンズ」だけでなく、どこもきつかったのではないでしょうか？

強い3チームも、「ユニオンズ」解散前後も「南海」は、杉浦忠や野村克也、オリオンズは榎本喜八、小野正一、「西鉄」も外国人をはじめ池永正明にいたるまで、きちんと補強している。ですから、生半可な補強では「補強」にはならなかったと思います。

8球団時代のパ・リーグでは人材確保も困難だったので、リーグ全体として補強の大変さは想像できる。私が作っているカードゲームで当時のパ・リーグの選手のカードを見てみると、1956年の「ユニオンズ」のエース伊藤四郎クラスの選手が、強い3チームには最低でも2人はいた。そして、「毎日」は荒巻淳、「南海」は宅和本司、「西鉄」は稲尾和久がいた。「毎日」の四番は山内一弘、「南海」は飯田徳治、「西鉄」は中西太。

この中で勝つには1人、2人では心もとない。ただ、佐々木信也さんが30本塁打を打っていたらというのは、現実的じゃない。もし「ユニオンズ」に未来があるとしたら、着実に歩み続けて「楽天」のようになるのが現実的。そうでなければ、王貞治の全盛時代に、「本塁打王を取りなさい」というのに近い。難易度がかなり高いし、王がいたら諦めるしかないと思っちゃう。チャレンジした選手は、何人もいるけど、かなりきついと思う。

当時のパ・リーグの中で、小野正一、土橋(正幸)、稲尾、杉浦がいる時代に戦うのは、身の不運としてやはり諦めるしかない。

そして、ややこしいのは3チームとも、アンダースローが多い「南海」と右の本格派が多い「西鉄」、サウスポーが多い「毎日」といったように、エースのタイプが違う。打撃陣も、「南海」は足の南海として残っていて、本塁打量産の「西鉄」、打率の「毎日」と、タイプが異なる。

歴史に例えると、古代中国の三国志時代のように思える。その他の球団はその他の小国でしかない。

自由競争時代に「南海」「西鉄」はなぜ強かったのか？

牧　本気で楽しく、勝てるチームはこの2球団（南海と西鉄）しかない。入団するにもそこに入りたくなる。50年代までは巨人万歳の時代ではなかった。それでも、巨人は巨人なりのスカウトの能力があった。王貞治も甲子園優勝投手でありながら、すぐに投手失格の烙印《らくいん》を押し打者に転向させた。

背番号1を与えたのも、最初から打者として育てようとしたのだし、それを実行するのも巨人の選手を見る眼の凄《すご》さを感じる。もし、投手として使うのなら、背番号23くらいを付けてもらって、左の中継ぎとして使い、目立った成績も残さず「たまに大きいのを打つんだよな」という感じで現役を終えるシナリオが見えるような（悪い意味での）怖さがあったのに、そうならなかったのが巨人の凄さではないだろうか？

永田雅一（大映）、小林一三（阪急）、中部譲吉（大洋）もそうだけど、旦那の趣味という経営に思える。マネージメントをする気がない。本当に強くする気があるのか？　賛否両論はあるかもしれないけど、マネージメントもしっかりやり、お金もある。だけど、その中で野球が好きで無邪気な気持ちがある人は、孫正義になっちゃう。理想的なオーナーの1人だと思う。

2015年日本シリーズで、野村（克也）さんが解説で「孫さんが優勝の前で、グラウンドに出たがっている。子どもっぽいよね。でもこれがホークスの強さの根源ですよ。」と話していた。ホークスの良いところは、孫さんと「俺は（そんな目立たなくて）良いよ」という王貞治がいる。永田さんも、高橋さんも同等以上に野球は好きだと思うけど、人に楽しんでもらう、選手のために環境を作る、入場料やお金を稼いで球団を維持していこうという発想が、昔のオーナーには今より足りなかったと思う。どうしても、旦那の趣味になってしまう。好きだけではすまないのがプロ野球のオーナーなので大変だ。

宣伝として割り切ったって、当時の巨人は強いチームなのに補強をしている。「毎日」

は1年目に無理しすぎだった。もっと長い間存続できたとしたら面白かったのに、結成時に阪神からの選手を取りすぎたと思う。「阪神」は当時は嫌でも出ざるを得ない選手が多かった思うが、全部取ったのが結果的に毎日が手放した遠縁になるのではないのか？　と思える。

新球団が最初から老獪《ろうかい》な戦いをすると、ファンからもなんとなく醒《さ》めた感じで見られる。藤本定義の本『覇者の謀略』に「阪神組が入って、新鮮味が減り、野球を知っているチームになった」と書かれている。

武田　「ユニオンズ」が参加した1954年は、寄せ集めチームとして出来たが、当時の8球団中6位で終わったのは健闘したのでしょうか？　それとも実力なのでしょうか？

牧　1954年は、投手陣ランキングで2位から4位が「ライオンズ」、その中で投手陣の弱さは差がありすぎる。「ユニオンズ」が、勝負になるかどうかというと、いくつか要因はあるけれど、やはり3年では厳しい。佐々木信也が1954年からいたら、もう少し勝てたのは間違いない。

監督論から見た「ユニオンズ」

牧　弱いチームを語るには、非難するような感じで悪いけど、現場監督として浜崎監督は、決してあまり良い監督だと思わない。

1950（昭和25）年に優勝した「毎日オリオンズ」の湯浅（禎夫）監督は？　というと、落ち着いた采配をする良い監督だったけど、徹底した若林（忠志）の方がより良かったと思う。若林は「オリオンズ」時代に日米野球でのロパット・オールスターズとの対戦で、下位打線で3連続スクイズで3点取っている。それも全部セーフになっている。

戦前、「阪神」の監督時代に澤村（栄治）最後の試合で徹底した選球と盗塁をしかけて澤村をつぶした実績がある。澤村本人は投手としてダメだと思いながらも、登板させてしまったのが、戦前巨人の監督中島治康。澤村を容赦なく倒すために全力を挙げる若林と中島ではどちらが良いか？　また人間的にはどちらが良いかのと考えてしまうのが監督としての資質。

だから、監督をする人は「良い人」はダメだと思っていたので、「東京ヤクルト」の真中（満）監督は正直、大成しないと思っていたが、セ・リーグを制覇した。だから、たぶん監督に人が良い人、悪い人はあまり関係ない。

長谷川晶一さんの本に（『最弱球団　高橋ユニオンズ青春記』）、２年目の浜崎監督はスタルヒン投手の３００勝だけのためにシーズンにのぞみ、達成したら急速にやる気をなくしているように書かれているが、明治生まれの監督はどうも、気分屋というか主観を基に動いている感じがします。若林も浜崎監督のあと、監督代行を頼まれたそうだけど断った。

だから、当時の日本野球の思想というか考え方より、若林のアメリカ的思想の戦い方で「ユニオンズ」を見たかったですね。「トンボ

笠原監督と兵頭選手（左）

ユニオンズ」での不振の責任を取って、辞めてしまったのが残念です。浜崎監督の話に戻すと、記録や記事などで推測するんだけど、「ちゃんとサインを出していたのか？」と疑問になるようなことを感じる。

少なくとも藤本定義、鶴岡一人、若林忠志、水原茂、三原脩たちは試合や見ていた人や本を読むとサインを出して成功不成功を把握していたのを確認している。

浜崎は、当時としても旧《ふる》い野球をしていて、時代から遅れていたような采配に思えます。三原、水原、川上などの強いチームの監督は、なぜ勝てたか？　成功したか？　の分析や理論を語ったり、記録されているが、浜崎監督にはしょうがないかもしれないけど、「なぜ負けたのか？」「弱かったのか」というところの情報が少ない。

隠れた殊勲選手は誰か？

武田　『野球雲』の創刊号で「史上最弱の球団はどこだ⁉」という特集を取り上げたのも野村克也が「勝ちに不思議の勝ちあり、負けに不思議の負けなし」と言っていて、強い球団を分析したり語るより、弱い球団を知るべきことが、強い球団のこともわかるのではないかと思ったのがきっかけでした。そこに、長谷川さんの「高橋ユニオンズ」の本を見て、「3年間という短い時間だから知るべきことが凝縮されているのではないか」とも思いました。

牧　野村の話で考えてみると、負けるのには理由がある。それには責められる理由と、責められない理由がある。そこをわかる監督が本当の監督かもしれない。たとえば、投手が四球出した。これが原因で勝ち越されて負けた。

でも本当は負けた理由は、そこでなかったりする。2イニング前に1点を取れなかったことが負けた原因かもしれない。でも、そこを責めて良いのか？　でも、責めすぎる監督は成功しないと思う。

今は、60人くらいチームに在籍している。監督一人がその人数を把握するには限界がある。鶴岡、三原が一人で出来たのは二十数人前後だったからまとめられた。現在は選手の良い点、悪い点をきちんと分析しているか？　監督、コーチとの分業をしっかりしているところがいい。監督の苦手な点をしっかりカバーしてくれるコーチ陣、スタッフがいるところは強い。

2015年、ヤクルトの優勝で、高津臣吾コーチの評価が高い。トニー・バーネットが昨年より登板数が上がっているのに、なぜか3連投がない。70試合以上登板している投手が4人いるのに、3連投投手がいないのは凄い。

「ユニオンズ」はどうも監督が一人でやっていて、若林コーチの影が見えない。もしくはわからない。当時の指導者のトレンドはどんなだったのか？　進歩的で情報を取る監督や、経験だけで指揮をしていくなど個性があったけど、やはり弱い球団は「ただ野球をやっている」というのを感じる。つまり、才能だけで楽しく野球をやっている。考える野球をする球団との差が大きい。

聞いた話か、読んだものかはっきりしないけど、強いチームとしての例では巨人9連覇時代。川上監督はイヤでも注目される。サインを出す場合も必ず見られるので3人くらいサインを代わりに出すコーチがいたらしい。あるとき何か作戦を仕掛けたいときに、川上はサインを出さない。あまりにも出さないので、あるコーチがエンドランのサインを出した。そこで、違うコーチが監督を見た。「あ～エンドランにしたんだ」とつぶやいた。ベンチでその様子を見ていたトレードで来た選手が巨人の強さを感じたそうです。

川上としては、誰かがサインを出すのを待っていたような気がする。コーチを育てようとしていたのでしょう。

あらためてユニオンズ選手としての貢献度を見てみると、1954年は河内卓司さんと笠原和夫さんがかなり貢献した。数字以上に河内さんは活躍し、本当ならもっと数字が行ったと思う。

1954年のMVP候補は笠原和夫、レッカ、滝良彦の3人と思う。レッカの存在は大きかった。あのチームで23本も本塁打を打ったのは凄いと思う。リーグで4位という長打が成績を6位に引き上げたのかも知れない。もし、レッカが六、七番を打てるチームだったら、かなり良いところに行ったと思う。

1955年の「トンボ」の候補は、しんどいけどレッカが10本に落ち込み、ブッサンがもっと打てるはずだったし、特に勝っている投手もいないし、消去法で笠原和夫が候補……。山田利昭が数字上は2位の活躍しているけど、チームを引っ張ったというイメージにならない。

山岸静馬という選手が試合数は少ないけど、3割9分1厘も打っている。しかし、その後のキャリアが続かないのがどうしてなんだろうと、すごい残念に思えます。

1956年は、佐々木信也が本命で、対抗で伊藤四郎のどちらかでしょう。

扱いやすいチームと扱いにくいチーム

牧　私が思う扱いにくいチームとは、やることが1種類しか無いチーム。強くても弱くても扱いにくい。だから、何もやることがなくて打率のいい選手は揃っているけど、他に走塁がいい選手とか小技が利く選手がいない。普通にやってれば、そこそこ点が取れたりする。

投手も先発投手は揃っているけど、救援投手がいない。でも、ローテーションが回るから、行くところまで行かせて、それで点を取られて負けたら負けるし、勝ったら勝てるようなチームを扱いにくいチームと呼んでいます。

扱いやすいというのは、試合の展開で、何とかしたいなという場面で何かできるチーム。具体的に言うと層の厚さ、適度な代打、適度な代走、ワンポイントがいるかどうか？

では「ユニオンズ」はどうかというと、どちらでもないというか、どちらにも行ける可能性があった。それはある意味没個性的なチームだったのか…。当時のセ・リーグの「広島」や「大洋」に比べると、少し扱いやすいチームだったかもしれない。弱い割には小回りができるチーム。あと、特徴としてどの選手もみんな走ってくれる。

私のゲームでは、盗塁数と二塁打と三塁打を足した長打の中で三塁打の多い選手が「足の速い」選手として評価します。「ユニオンズ」の選手はみんな一生懸命に走っている気がします。

データを見ると50盗塁もする選手はいないのですが、盗塁十数個の選手が多い。石川進選手と佐々木信也選手がチームでは多いですが、適度にみんな走っている。特に当時の捕手は盗塁0が当たり前なんです。でも「1」しているんです。その場合どのように評価するか？「0と1は無限の差」という見方をします。

全く0は評価はもちろん0ですが、たとえ盗塁死が1でも何もしないより高い評価を得ます。ですから「ユニオンズ」の選手は「力は足りずとも、頑張っていたんだ」という熱い気持ちになるんです。

武田　『野球雲』５号で、「ユニオンズ」のオーナーだった高橋龍太郎さんの外孫で、「ユニオンズ」の記録をまとめられた秋山哲夫さんにインタビューした時に、最後心に残った言葉に、「頑張ったチームでした」という一言がありまして、その言葉と記録を読み取るとつながった気がします。

実は思ったほど弱くない⁉

牧　個人的にお会いしたのは佐々木信也さんだけですが、みんな一生懸命野球をしている気がします。だから、その部分が扱いにくいというより、少し扱いやすいチームにするところなんです。ゲーム上ですがクロスプレーになった時に、盗塁5～6個があると、成功率が50％になるんです。ですから、走らないと思われる選手に盗塁1がついていると、頑張っている感じがするんです。

シンプルに勝つ方法とは何かと考えたところ、「次の塁に向かって一生懸命走る選手が多いこと」だと思いますね。バントをするのは当たり前、だけど、決めたから満足するのではなく一塁まで全力で走る気持ちと動きを何回もやっているうちに、ハプニングがあり塁に出られることもある。

一生懸命プレーするという見方をすると、「敬遠のボールも隙あらば打つ」という姿勢を持つことも同じ意味だと思えます。

そして「相手に考えさせて、自分は考えない」ということが、野球をする上で大きな要素だと思う。強いチームはそれができたのではないでしょうか。自分が普通じゃないことをやることではなく、相手に普通じゃないことをやらせる。

「ユニオンズ」は弱いという割には投手の与四死球が少ない。それと、失策は上位チームに比べると多いけど成績の割に少ない。「ダブルプレーも出来ない！」と言われているけど、記録から見るとそんなにひどくない。

プロの目から見たら厳しいのかもしれないけど。守備機会から見ても、意外と積極的な感じがします。それはダブルプレーが多いからなんです。失策も多いけどダブルプレーも多いということは、積極的な守備と評価すべきだと思う。１９５５年最下位の時に１３１ですが、その上の東映が１０６なんですよ。

失策が多くて、ダブルプレーが多いのは、一種のトレンド（個性）で、失策が少なくてダブルプレーが多いチームも出てくるけど、それは本当に強いチーム。過去に優勝したチームで失策もダブルプレーも多いチームは存在します。佐々木信也が入団する前から、そのトレンドのチームだったので、佐々木が入団したら、それがより強化されたのだと思います。カードゲームから見るとランナー一塁で、普通に打つとダブルプレーになる確率が50％。それで、バントや盗塁を仕掛ける。だから、実際の記録よりダブルプレーが少なくなります。

武田　「ユニオンズ」3年間の歴史で、もっと評価されたほうがいい選手はどんな方でしょうか？

牧　レッカ、石川進、伊藤四郎、河内卓司、滝良彦、山田利昭……でしょうか。佐々木さんの話によれば、打撃は良くなかったけど兵頭冽は、外野の守備も良いユーティリティープレーヤーで良かったらしい。

もう一人、1955年だけ在籍した東谷夏樹も頑張った選手だと思う。そんなに打率は良くないけど左打ち、守備はそこそこ良い、サイクル安打もやっている。控えとしての存在感がある。ゲームの視点からいうと、左打ちのそこそこの外野手は、とても使い勝手が良いんです。今は右投げ左打ちが多くなったのでそうでもないけど、この時代は右打ちが圧倒的だから、存在感が増します。

武田　「ユニオンズ」に焦点を絞った「史上最弱チームはどこだ⁉　パート2」は、記録やカードゲームから見ると、「思われているほど弱くない」という感じです。どうもありがとうございました。

記録から読み解く「打たせて取る」ピッチング

隠れた個性派　野村武史

牧啓夫

ユニオンズの2年で21勝

１９５４年、「高橋ユニオンズ」で滝良彦に次いで15勝を挙げたのが野村武史です。野村武史は、１９５４・55年の2年間ユニオンズに在籍しました。２年で21勝というのは、ユニオンズの投手としては、健闘した部類でありましょう。

この投手は、筆者が野球の記録を分析したり野球ゲームを作成したりする上で多くのヒントを与えてくれました。

まずは前置きですが、私が投手記録を分析する場合、規定投球回の代わりに、投球回の多い順番に25人というグループを作っています。規定投球回はルールに変更があるし、人数もシーズンによって大きく変動するので、年度記録の平均をだしたり概観したりするためにはこの方が向いていると考えています。

私が野村武史に目をつけたのは、「インパクトベースボール」の改良に努めていた時でした。あらためて、いい投手とはなにかと考えた時がありました。

勝利投手というのはある程度は運の要素があるとすれば、やはり失点しないというのが重要となるでしょう。失点を少なくするためにはどの記録をみるか？

被安打・四死球が少ないことは重要でしょう。走者を少なくすれば失点が少なくなるのは道理です。それから、被本塁打が多ければ、多少走者を少なくしても台無しですからこれも重要だろう。ってことで、１９５０年の投手記録を調査していったところ、いきなりぶつかったのが、当時オリオンズに在籍した野村武史でした。

コントロールの良い技巧派!?

１９５０年優勝当時のオリオンズ投手陣を見てみると、エースはもちろん「火の玉投手」荒巻淳（26勝８敗　防２・06）。開幕投手もつとめた榎原好（16勝７敗　防３・67）が二番手、野村武史は三番手というカンジなのですが、18勝４敗　防３・34で、防御率９位、勝率は・

表A

氏名	防御率	順位	安打	HR	BB	SO	投補殺	投併殺
荒巻淳	2.06	1位	21.86	1.00	5.01	13.66	7.56	1.46
林義一	2.40	2位	20.44	1.53	8.40	15.09	4.87	1.18
野口二郎	3.16	6位	25.33	2.67	1.87	8.13	4.27	1.10
野村武史	3.34	9位	27.62	1.39	5.03	8.03	8.14	5.07
スタルヒン	3.96	20位	27.14	2.11	4.82	8.64	6.83	4.27
関根潤三	5.47	25位	26.85	2.32	7.69	10.01	5.66	2.03

818で1位という、榎原を上回る好成績を挙げています。ここまでは不思議ということもないのですが…やや詳しくみると、野村武史の不思議さというか特殊性ができます。

まず、被安打を対戦打者数で割ってみましょう（対戦打者数には四死球や犠打の打者も含まれますので注意）。野村武史の被安打/対戦打者数は27・6%で前述の25人中最低です。でも、防御率は9位なのです。すぐ上のスタルヒンは27・1%（防御率3・96で20位）、関根潤三は26・9%（防御率5・47で25位）。投手の能力が被安打のみで決まるとするならば理解不能な現象です。では、奪三振や四死球はどうでしょうか？ 奪三振は8・0%で20位です。四死球は5・0%で5位といままでの数値の中では高評価ですが、四死球が少ないことがここまで成績を押し上げられるものなのでしょうか？ 疑問はまだ続きます。

そして、次に目をつけたのが「打たせてとる」能力です。プロ野球の解説とかでも「うまく打たせてとっている」とかよく言うじゃないですか。と、口ではいうものの「打たせてとる」ってどう評価したらいいのでしょうか？

まず、「投手補殺」に目をつけました。投手補殺は守備記録で主に投手が捕ったゴロになります。「投手が捕れるくらいのゴロを打たせられるのであれば他の野手が捕りやすいゴロも打たせているのではないか？」という推定です。投手併殺についても同様なことがいえるのではないでしょうか？

幸い、当時のBIS（日本野球機構プロ野球データベース・システム）データ本部長は我が師匠の宇佐美徹也さんでしたから、頼みこんで公式スコアにあたることにしました。数人の投手のアウトの詳細を調査しました。

その調査により、投手補殺と全補殺、投手併殺と全併殺にはある程度の相関関係があると確信しました。表Aをご覧ください。

安打・HR・BB・SO・投補殺（投手補殺）は、それぞれを打者数で割ったもの、投併殺は100回ごとの投手併殺数です。

そして、新しく追加した投補殺・投併殺の分野では、野村武史が堂々の1位となりました。野村武史のピッチングは見たことはありませんが、速球はさほどではないが、コントロールが良く、走者を出しても併殺で切り抜けられる投手というイメージがでてきました。

投手のタイプもこのデータである程度推定できます。防御率1位の荒巻はすべての分野で高い能力をもった投手ですね。2位の林は制球はあまりよくありませんが、要所で三振をとるのでしょう。

6位の野口は抜群の制球力が売り、スタルヒンは打たせてとる投手としては野村に次ぐ力を持っていますが、被本塁打が多いのが野村との防御率の差になっているようです。

25位の関根は、さらに制球に問題があるのでは

表B

4 佐々木信也	試 154	率 0.289	本 6	点 37	盗 34
5 河内 卓司	試 111	率 0.275	本 0	点 24	盗 22
9 石川 進	試 110	率 0.277	本 3	点 25	盗 27
3 大館 勲夫	試 34	率 0.286	本 4	点 10	盗 0
7 笠原 和夫	試 131	率 0.290	本 1	点 36	盗 9
8 黒田 一博	試 132	率 0.246	本 6	点 41	盗 5
2 レッカ	試 120	率 0.200	本 23	点 67	盗 4
6 マケーブ	試 99	率 0.207	本 3	点 35	盗 20
前川 忠男	試 129	率 0.234	本 6	点 31	盗 26
深見 安博	試 90	率 0.266	本 6	点 27	盗 1

いたしかたないかもしれません。

こういう地味な選手が与えてくれた分析のヒントに感謝するとともに、野球という競技の深さにも感謝したいとおもいます。

ユニオンズ打線強化策

今回のユニオンズですが、もう少し強化する方法はないのでしょうか？　妄想をまじえながら打線の強化策を考えてみましょう。

まずは、佐々木信也に2年早くプロ入りしてもらって、レッカの25本塁打が両立すれば一気に強力になります。第1回日本ワールドシリーズのオリオンズ一番打者の河内卓司との一・二番コンビはいいですね。

ただ、ユニオンズの3年間を通して長打力のある打者が乏しいのは問題です。がんばって走っている選手はそろっているだけに、誰か一枚選手を強化したいところですね。とはいっても、中西・大下・山内らを強化するというのはいくらなんでも現実離れしています。

長打力というか本塁打が打てて外野も一塁も守れる選手、所属するチームで控えになっている選手、できればその選手にとってもプラスになる。そんな選手はいないでしょうか？ 他のチームのファンだったら違うでしょうが、オリオンズファンとしては頭をひねってみましょう。

そこで、出てきた名前が、「大館勲夫」です。ハワイ出身で、日本武術の殿堂ともいえる京都の武術専門学校を卒業した異色の選手です。主に代打として出場し、中西太に破られるまで代打本塁打パ・リーグ記録（4本）を持っていた選手です。

守っていたのが一塁ですが、西本幸雄・三宅宅三からポジションを奪うまではいかず、その後は「安打製造機」榎本喜八が入団してきます。

歴史のイフになりますが、この大館をレギュラーにしてみるというのは、歴史のイフとして（たぶん本人にとっても）魅力的な話です。

史実では、一塁に回った笠原は外野に回ってもらいます。古巣のホークスではずっと外野ですから大丈夫でしょう。

若手の石川進とベテランの笠原和夫の両左打者が一発屋の大館をはさみ、六番は守備もよくバランスのとれた黒田。

史実では、クリーンアップを打ったレッカとマケーブですが、下位にさがれば脅威になりえます。レッカの本塁打とマケーブの走力に特長がありますからね。

ややエラーの多いマケーブには前川が守備固め。相手投手が左なら深見先発もいいでしょう。

なんかいけそうな気分になってきませんか?

第6章

「高橋ユニオンズ」の3年間全試合と記録の探検

記録から見れば「高橋ユニオンズ」はやはり最弱だった。しかし、この頃は「高橋ユニオンズ」だけが弱いのでなく西鉄、南海、毎日の3強時代。

下位3弱球団は「高橋ユニオンズ」を笑えるほど余裕のあるものではない。1957年から高橋は大映に吸収され「大映ユニオンズ」となり1958年は毎日と合併「毎日大映（大毎）オリオンズ」になるのである。

《パ・リーグ順位表》

1954年

順位	球団	勝利	敗戦	引分	勝率	ゲーム差
優勝	西鉄ライオンズ	90	47	3	0.657	-
2位	南海ホークス	91	49	0	0.650	0.5
3位	毎日オリオンズ	79	57	4	0.581	10.5
4位	近鉄パールス	74	63	3	0.540	16
5位	阪急ブレーブス	66	70	4	0.485	23.5
6位	高橋ユニオンズ	53	84	3	0.387	37
7位	東映フライヤーズ	52	86	2	0.377	38.5
8位	大映スターズ	43	92	5	0.319	46

1955年

順位	球団	勝利	敗戦	引分	勝率	ゲーム差
優勝	南海ホークス	99	41	3	0.707	-
2位	西鉄ライオンズ	90	50	4	0.643	9
3位	毎日オリオンズ	85	55	2	0.607	14
4位	阪急ブレーブス	80	60	2	0.571	19
5位	近鉄パールス	60	80	2	0.429	39
6位	大映スターズ	53	87	1	0.379	46
7位	東映フライヤーズ	51	89	3	0.364	48
8位	トンボユニオンズ	42	98	1	0.300	57

1956年

順位	球団	勝利	敗戦	引分	勝率	ゲーム差
優勝	西鉄ライオンズ	96	51	7	0.653	-
2位	南海ホークス	96	52	6	0.643	0.5
3位	阪急ブレーブス	88	64	2	0.578	10.5
4位	毎日オリオンズ	84	66	4	0.558	13.5
5位	近鉄パールス	68	82	4	0.455	29.5
6位	東映フライヤーズ	58	92	4	0.390	39.5
7位	大映スターズ	57	94	3	0.380	41
8位	高橋ユニオンズ	52	98	4	0.351	45.5

【勝率下位球団くらべ】

	勝利	敗戦	引分	
大映スターズ	153	273	9	0.359
東映フライヤーズ	161	267	9	0.376
高橋ユニオンズ	147	280	8	0.344

1954年　全試合

試合日	勝敗	ホーム	スコア		相手	球場名
3月27日	●	高橋	3	5	阪急	西宮
3月28日	●	高橋	1	3	阪急	西宮
3月28日	●	高橋	1	12	阪急	西宮
3月30日	●	高橋	0	10	西鉄	小倉豊楽園
3月31日	●	高橋	2	3	西鉄	平和台
4月3日	●	高橋	2	6	毎日	浜松市営
4月4日	○	高橋	6	5	毎日	静岡草薙
4月4日	●	高橋	4	11	毎日	静岡草薙
4月5日	○	高橋	5	2	南海	川崎
4月9日	●	高橋	3	11	毎日	川崎
4月10日	○	高橋	10	0	東映	駒澤
4月11日	●	高橋	5	10	東映	駒澤
4月11日	●	高橋	10	15	東映	駒澤
4月13日	●	高橋	5	6	大映	豊橋
4月14日	●	高橋	0	1	大映	岐阜県営
4月15日	●	高橋	5	8	大映	彦根
4月17日	●	高橋	1	2	南海	大阪
4月20日	○	高橋	7	5	大映	川崎
4月21日	○	高橋	1	0	大映	川崎
4月22日	●	高橋	0	7	大映	川崎
4月24日	●	高橋	1	5	毎日	川崎
4月25日	●	高橋	2	4	毎日	川崎
4月25日	●	高橋	1	3	毎日	川崎
4月28日	●	高橋	3	8	大映	駒澤
5月1日	●	高橋	0	7	東映	駒澤
5月2日	●	高橋	2	4	東映	川崎
5月5日	●	高橋	1	6	阪急	西宮
5月5日	●	高橋	1	2	阪急	西宮

試合日	勝敗	ホーム	スコア		相手	球場名
5月6日	○	高橋	5	2	阪急	西宮
5月8日	●	高橋	2	3	大映	後楽園
5月11日	●	高橋	0	4	西鉄	川崎
5月12日	○	高橋	5	4	西鉄	川崎
5月13日	●	高橋	3	4	西鉄	川崎
5月16日	○	高橋	2	1	近鉄	川崎
5月16日	△	高橋	4	4	近鉄	川崎
5月18日	○	高橋	4	2	東映	川崎
5月19日	●	高橋	4	5	東映	川崎
5月20日	○	高橋	5	4	東映	川崎
5月23日	○	高橋	8	0	近鉄	藤井寺
5月23日	○	高橋	5	4	近鉄	藤井寺
5月25日	○	高橋	2	1	南海	大阪
5月26日	●	高橋	1	7	南海	大阪
5月27日	○	高橋	4	3	南海	大阪
5月29日	○	高橋	6	3	西鉄	小倉豊楽園
6月1日	○	高橋	5	4	阪急	西宮
6月3日	●	高橋	4	10	阪急	西宮
6月5日	○	高橋	8	1	大映	川崎
6月8日	●	高橋	5	8	南海	大阪
6月9日	●	高橋	0	3	南海	大阪
6月12日	●	高橋	1	17	西鉄	川崎
6月13日	○	高橋	5	0	西鉄	川崎
6月13日	●	高橋	2	3	西鉄	川崎
6月15日	●	高橋	3	4	毎日	川崎
6月16日	●	高橋	0	2	毎日	川崎
6月17日	○	高橋	2	1	毎日	川崎
6月18日	△	高橋	6	6	阪急	川崎

試合日	勝敗	ホーム	スコア		相手	球場名
6月24日	●	高橋	2	5	南海	川崎
6月26日	●	高橋	4	5	近鉄	大阪
6月27日	●	高橋	2	6	近鉄	大阪
6月27日	○	高橋	4	3	近鉄	大阪
7月1日	●	高橋	2	4	近鉄	岡山
7月6日	○	高橋	6	5	毎日	川崎
7月7日	●	高橋	0	6	毎日	川崎
7月10日	●	高橋	1	2	東映	川崎
7月12日	○	高橋	8	6	大映	川崎
7月13日	○	高橋	2	1	大映	川崎
7月18日	○	高橋	8	0	東映	川崎
7月19日	●	高橋	0	2	東映	川崎
7月20日	●	高橋	2	4	毎日	川崎
7月21日	●	高橋	1	3	毎日	川崎
7月22日	○	高橋	2	0	毎日	川崎
7月24日	○	高橋	5	4	阪急	川崎
7月25日	○	高橋	4	1	阪急	川崎
7月25日	○	高橋	3	2	阪急	川崎
7月27日	●	高橋	4	5	南海	川崎
7月29日	●	高橋	1	3	南海	川崎
7月31日	●	高橋	2	3	大映	川崎
8月1日	●	高橋	3	5	大映	川崎
8月1日	○	高橋	2	1	大映	川崎
8月3日	○	高橋	8	3	阪急	川崎
8月4日	●	高橋	9	10	阪急	川崎
8月5日	●	高橋	0	4	阪急	川崎
8月7日	●	高橋	0	4	近鉄	中日
8月8日	●	高橋	1	3	近鉄	中日

試合日	勝敗	ホーム	スコア		相手	球場名
8月8日	●	高橋	1	6	近鉄	中日
8月12日	●	高橋	4	6	毎日	県営大宮
8月13日	○	高橋	6	5	毎日	川崎
8月14日	○	高橋	7	1	阪急	川崎
8月15日	●	高橋	1	9	東映	駒澤
8月15日	○	高橋	7	4	東映	駒澤
8月17日	○	高橋	3	2	阪急	川崎
8月21日	○	高橋	5	1	大映	川崎
8月22日	○	高橋	3	2	大映	川崎
8月22日	○	高橋	7	0	大映	川崎
8月25日	○	高橋	6	1	西鉄	川崎
8月25日	●	高橋	1	7	西鉄	川崎
8月28日	●	高橋	2	3	南海	川崎
9月2日	●	高橋	1	7	阪急	西宮
9月4日	○	高橋	1	0	近鉄	米子湊山
9月4日	○	高橋	2	1	近鉄	米子湊山
9月5日	○	高橋	4	3	近鉄	松江
9月8日	●	高橋	3	7	西鉄	平和台
9月9日	●	高橋	1	2	西鉄	平和台
9月10日	●	高橋	1	3	西鉄	平和台
9月12日	○	高橋	8	3	近鉄	中日
9月12日	●	高橋	0	3	近鉄	中日
9月19日	●	高橋	2	3	東映	駒澤
9月19日	○	高橋	3	1	東映	駒澤
9月22日	●	高橋	0	4	東映	川崎
9月23日	●	高橋	6	7	東映	川崎
9月23日	○	高橋	7	4	東映	川崎
9月24日	○	高橋	5	3	大映	後楽園

試合日	勝敗	ホーム	スコア		相手	球場名
9月25日	●	高橋	3	6	東映	駒澤
9月27日	○	高橋	4	2	西鉄	川崎
9月27日	●	高橋	0	7	西鉄	川崎
9月29日	●	高橋	1	8	南海	川崎
9月29日	●	高橋	1	2	南海	川崎
9月30日	●	高橋	2	12	南海	川崎
10月1日	●	高橋	1	2	近鉄	川崎
10月1日	●	高橋	3	5	近鉄	川崎
10月3日	●	高橋	1	3	近鉄	横浜平和
10月3日	●	高橋	0	4	近鉄	横浜平和
10月5日	●	高橋	1	11	南海	大阪
10月9日	●	高橋	2	3	西鉄	平和台
10月9日	●	高橋	0	5	西鉄	平和台
10月10日	●	高橋	1	6	西鉄	平和台
10月10日	△	高橋	2	2	西鉄	平和台
10月13日	○	高橋	8	7	阪急	西宮
10月14日	●	高橋	1	2	南海	大阪
10月14日	○	高橋	5	2	南海	大阪
10月15日	●	高橋	3	7	南海	大阪
10月17日	○	高橋	4	2	毎日	川崎
10月21日	●	高橋	1	8	南海	大阪
10月22日	●	高橋	5	6	南海	大阪
10月24日	○	高橋	4	3	大映	川崎
10月24日	○	高橋	1	0	大映	川崎
10月25日	○	高橋	8	1	東映	駒澤
10月26日	●	高橋	1	2	阪急	川崎
10月29日	○	高橋	11	1	毎日	川崎
10月29日	●	高橋	0	6	毎日	川崎

1955年　全試合

試合日	勝敗	ホーム	スコア		相手	球場名
3月26日	●	トンボ	6	12	西鉄	平和台
3月29日	●	トンボ	4	8	南海	大阪
3月30日	●	トンボ	6	14	南海	大阪
3月31日	●	トンボ	0	4	毎日	川崎
4月2日	●	トンボ	1	4	毎日	川崎
4月5日	●	トンボ	2	3	阪急	川崎
4月6日	●	トンボ	1	4	阪急	川崎
4月7日	●	トンボ	1	2	阪急	川崎
4月8日	●	トンボ	2	4	東映	川崎
4月8日	●	トンボ	5	11	東映	川崎
4月12日	●	トンボ	3	5	大映	駒澤
4月13日	●	トンボ	3	6	大映	駒澤
4月13日	○	トンボ	2	0	大映	駒澤
4月19日	●	トンボ	2	5	近鉄	藤井寺
4月20日	○	トンボ	8	7	近鉄	藤井寺
4月21日	○	トンボ	6	4	近鉄	藤井寺
4月23日	●	トンボ	1	5	南海	川崎
4月24日	○	トンボ	11	3	南海	川崎
4月26日	●	トンボ	3	4	毎日	駒澤
4月30日	○	トンボ	4	3	大映	後楽園
5月3日	●	トンボ	3	9	阪急	西宮
5月3日	○	トンボ	2	0	阪急	西宮
5月4日	●	トンボ	3	7	阪急	西宮
5月7日	●	トンボ	2	4	近鉄	川崎
5月7日	○	トンボ	4	1	近鉄	川崎
5月12日	●	トンボ	4	9	西鉄	川崎
5月13日	●	トンボ	0	2	西鉄	川崎
5月14日	○	トンボ	5	4	阪急	川崎

試合日	勝敗	ホーム	スコア		相手	球場名
5月15日	○	トンボ	3	0	阪急	川崎
5月15日	○	トンボ	2	1	阪急	川崎
5月16日	●	トンボ	0	4	大映	川崎
5月17日	●	トンボ	2	11	大映	川崎
5月21日	○	トンボ	7	4	西鉄	米子湊山
5月22日	●	トンボ	5	15	西鉄	松江
5月24日	●	トンボ	3	8	近鉄	大阪
5月25日	●	トンボ	4	10	近鉄	藤井寺
5月26日	●	トンボ	2	9	近鉄	藤井寺
5月28日	●	トンボ	1	3	大映	川崎
5月31日	○	トンボ	3	0	南海	川崎
6月1日	●	トンボ	3	8	南海	川崎
6月3日	●	トンボ	1	5	大映	後楽園
6月4日	○	トンボ	1	0	東映	駒澤
6月5日	○	トンボ	4	3	東映	駒澤
6月5日	●	トンボ	1	2	東映	駒澤
6月6日	○	トンボ	6	2	東映	駒澤
6月7日	●	トンボ	8	11	毎日	足利市営
6月9日	○	トンボ	4	3	毎日	川崎
6月10日	●	トンボ	0	2	毎日	川崎
6月11日	●	トンボ	6	8	近鉄	川崎
6月12日	●	トンボ	2	4	近鉄	川崎
6月14日	●	トンボ	0	2	毎日	後楽園
6月16日	●	トンボ	0	7	毎日	後楽園
6月16日	●	トンボ	3	13	毎日	後楽園
6月18日	●	トンボ	2	8	東映	駒澤
6月19日	●	トンボ	6	10	東映	駒澤
6月19日	○	トンボ	6	3	東映	駒澤

試合日	勝敗	ホーム	スコア		相手	球場名
6月21日	○	トンボ	3	0	阪急	西宮
6月22日	●	トンボ	6	7	阪急	西宮
6月23日	●	トンボ	1	2	阪急	西宮
6月25日	●	トンボ	0	5	西鉄	平和台
6月26日	●	トンボ	2	6	西鉄	平和台
6月26日	○	トンボ	5	2	西鉄	平和台
6月28日	●	トンボ	2	3	南海	大阪
6月29日	●	トンボ	2	4	南海	大阪
7月6日	●	トンボ	3	12	阪急	川崎
7月6日	●	トンボ	2	3	阪急	川崎
7月7日	●	トンボ	1	3	阪急	川崎
7月9日	○	トンボ	4	0	大映	木更津
7月10日	●	トンボ	4	5	大映	駒澤
7月10日	○	トンボ	4	1	大映	駒澤
7月12日	●	トンボ	0	3	大映	駒澤
7月13日	○	トンボ	2	1	大映	駒澤
7月14日	●	トンボ	2	3	大映	駒澤
7月17日	○	トンボ	5	4	東映	銚子
7月17日	●	トンボ	4	9	東映	銚子
7月19日	●	トンボ	0	4	南海	大阪
7月20日	●	トンボ	1	2	南海	大阪
7月21日	●	トンボ	1	2	南海	大阪
7月23日	●	トンボ	6	11	西鉄	川崎
7月24日	●	トンボ	4	5	西鉄	川崎
7月25日	●	トンボ	3	6	西鉄	川崎
7月28日	○	トンボ	8	0	近鉄	川崎
7月28日	○	トンボ	2	1	近鉄	川崎
7月29日	●	トンボ	2	8	近鉄	川崎

試合日	勝敗	ホーム	スコア		相手	球場名
7月30日	△	トンボ	4	4	東映	駒澤
7月31日	●	トンボ	5	6	東映	駒澤
7月31日	●	トンボ	2	4	東映	駒澤
8月1日	●	トンボ	0	13	毎日	川崎
8月2日	●	トンボ	0	7	毎日	川崎
8月2日	●	トンボ	2	9	毎日	川崎
8月6日	●	トンボ	6	7	近鉄	藤井寺
8月7日	●	トンボ	2	7	近鉄	藤井寺
8月9日	○	トンボ	3	2	西鉄	平和台
8月10日	●	トンボ	3	10	西鉄	平和台
8月11日	●	トンボ	0	13	西鉄	平和台
8月13日	●	トンボ	1	4	阪急	西宮
8月13日	●	トンボ	0	4	阪急	西宮
8月16日	○	トンボ	3	1	毎日	川崎
8月17日	●	トンボ	3	6	毎日	川崎
8月18日	○	トンボ	3	1	毎日	川崎
8月20日	●	トンボ	2	3	南海	川崎
8月21日	●	トンボ	7	12	南海	川崎
8月21日	●	トンボ	2	4	南海	川崎
8月23日	○	トンボ	5	2	南海	川崎
8月24日	●	トンボ	5	7	南海	川崎
8月25日	●	トンボ	1	5	南海	甲府総合
8月27日	○	トンボ	3	2	阪急	横浜平和
8月30日	●	トンボ	3	4	東映	駒澤
9月3日	○	トンボ	2	0	大映	西京極
9月3日	●	トンボ	0	3	大映	西京極
9月4日	○	トンボ	7	4	大映	西京極
9月4日	○	トンボ	3	0	大映	西京極

試合日	勝敗	ホーム	スコア		相手	球場名
9月6日	●	トンボ	1	2	南海	大阪
9月6日	●	トンボ	2	6	南海	大阪
9月11日	●	トンボ	0	4	大映	川崎
9月11日	●	トンボ	2	7	大映	川崎
9月13日	●	トンボ	1	2	東映	駒澤
9月13日	○	トンボ	6	5	東映	駒澤
9月14日	○	トンボ	6	1	東映	駒澤
9月15日	●	トンボ	0	1	東映	川崎
9月15日	●	トンボ	3	6	東映	川崎
9月17日	●	トンボ	2	3	毎日	川崎
9月18日	●	トンボ	3	7	毎日	川崎
9月18日	●	トンボ	4	5	毎日	川崎
9月19日	●	トンボ	0	3	東映	駒澤
9月24日	○	トンボ	5	2	近鉄	大阪
9月25日	●	トンボ	0	4	近鉄	大阪
9月27日	○	トンボ	2	1	西鉄	平和台
9月28日	○	トンボ	8	4	西鉄	平和台
10月2日	●	トンボ	2	11	阪急	西宮
10月2日	●	トンボ	2	6	阪急	西宮
10月4日	●	トンボ	0	8	近鉄	川崎
10月4日	○	トンボ	6	3	近鉄	川崎
10月6日	○	トンボ	3	1	近鉄	川崎
10月7日	●	トンボ	7	12	毎日	後楽園
10月7日	○	トンボ	2	1	毎日	後楽園
10月8日	●	トンボ	1	2	毎日	川崎
10月11日	○	トンボ	8	5	西鉄	小倉豊楽園
10月11日	●	トンボ	4	7	西鉄	小倉豊楽園
10月12日	●	トンボ	3	8	西鉄	八幡大谷
10月12日	●	トンボ	2	8	西鉄	八幡大谷

1956年　全試合

試合日	勝敗	ホーム	スコア		相手	球場名
3/21	●	高橋	0	1	近鉄	川崎
3/21	○	高橋	7	1	近鉄	川崎
3/24	○	高橋	3	2	毎日	川崎
3/25	●	高橋	0	5	毎日	川崎
3/25	●	高橋	0	4	毎日	川崎
3/27	△	高橋	0	0	大映	後楽園
3/28	●	高橋	3	4	大映	後楽園
3/29	●	高橋	0	2	大映	後楽園
3/31	●	高橋	1	6	南海	横浜平和
4/3	●	高橋	3	7	西鉄	茨城県営
4/4	●	高橋	0	5	西鉄	川崎
4/5	△	高橋	0	0	西鉄	川崎
4/7	●	高橋	2	3	阪急	沼津市営
4/11	●	高橋	3	11	阪急	西宮
4/12	●	高橋	4	5	阪急	西宮
4/12	●	高橋	2	7	阪急	西宮
4/14	●	高橋	2	3	東映	川崎
4/15	○	高橋	2	1	東映	川崎
4/15	○	高橋	2	0	東映	川崎
4/17	●	高橋	3	11	南海	大阪
4/18	●	高橋	0	6	南海	大阪
4/19	○	高橋	10	5	南海	大阪
4/21	●	高橋	1	2	西鉄	小倉豊楽園
4/22	○	高橋	3	1	西鉄	平和台
4/22	○	高橋	2	0	西鉄	平和台
4/24	●	高橋	1	3	近鉄	大阪
4/26	●	高橋	2	3	近鉄	大阪
4/28	○	高橋	1	0	大映	奈良市営
4/29	○	高橋	3	0	大映	西京極
4/29	●	高橋	2	5	大映	西京極

試合日	勝敗	ホーム	スコア		相手	球場名
5/1	●	高橋	3	4	毎日	駒澤
5/3	●	高橋	0	3	毎日	駒澤
5/3	○	高橋	4	0	毎日	駒澤
5/5	○	高橋	3	2	東映	駒澤
5/6	○	高橋	4	2	東映	駒澤
5/6	●	高橋	3	6	東映	駒澤
5/8	●	高橋	3	4	毎日	駒澤
5/9	●	高橋	2	5	毎日	駒澤
5/12	●	高橋	0	1	東映	川崎
5/13	●	高橋	0	2	東映	駒澤
5/13	●	高橋	1	4	東映	駒澤
5/17	●	高橋	9	12	大映	駒澤
5/17	●	高橋	0	13	大映	駒澤
5/19	●	高橋	1	3	西鉄	川崎
5/20	●	高橋	2	4	西鉄	川崎
5/20	●	高橋	0	3	西鉄	川崎
5/23	●	高橋	2	5	阪急	川崎
5/26	○	高橋	3	2	近鉄	川崎
5/31	○	高橋	5	4	阪急	西宮
5/31	●	高橋	3	4	阪急	西宮
6/5	●	高橋	1	8	毎日	川崎
6/6	●	高橋	3	4	毎日	川崎
6/6	●	高橋	1	6	毎日	川崎
6/9	○	高橋	7	3	南海	大阪
6/10	●	高橋	2	3	南海	大阪
6/10	○	高橋	5	4	南海	大阪
6/13	●	高橋	0	3	西鉄	平和台
6/13	●	高橋	0	1	西鉄	平和台
6/14	○	高橋	3	2	西鉄	平和台
6/16	○	高橋	4	3	近鉄	大阪
6/17	●	高橋	1	4	近鉄	大阪

試合日	勝敗	ホーム	スコア		相手	球場名
6/17	○	高橋	8	7	近鉄	大阪
6/19	●	高橋	3	5	南海	川崎
6/20	●	高橋	1	4	南海	川崎
6/21	○	高橋	3	2	南海	川崎
6/21	●	高橋	2	5	南海	川崎
6/24	○	高橋	2	1	大映	横浜平和
6/24	○	高橋	6	0	大映	横浜平和
6/26	●	高橋	2	6	阪急	川崎
6/26	○	高橋	3	2	阪急	川崎
6/27	○	高橋	4	3	阪急	川崎
6/27	●	高橋	2	3	阪急	川崎
6/28	●	高橋	0	6	阪急	川崎
7/7	○	高橋	9	5	毎日	川崎
7/8	●	高橋	3	4	毎日	川崎
7/9	○	高橋	3	2	大映	川崎
7/11	●	高橋	2	6	大映	後楽園
7/12	●	高橋	2	9	大映	後楽園
7/14	●	高橋	1	2	大映	駒澤
7/15	●	高橋	0	2	大映	駒澤
7/15	○	高橋	6	3	大映	駒澤
7/17	●	高橋	2	5	近鉄	川崎
7/17	○	高橋	6	1	近鉄	川崎
7/18	○	高橋	7	1	近鉄	川崎
7/18	●	高橋	3	13	近鉄	川崎
7/21	●	高橋	8	9	阪急	西宮
7/22	●	高橋	4	9	阪急	西宮
7/22	●	高橋	1	3	阪急	西宮
7/24	●	高橋	0	5	毎日	川崎
7/25	○	高橋	3	1	毎日	川崎
7/26	●	高橋	0	1	毎日	川崎
7/27	●	高橋	2	4	東映	駒澤

試合日	勝敗	ホーム	スコア		相手	球場名
7/28	●	高橋	4	10	南海	川崎
7/29	○	高橋	7	6	南海	川崎
7/29	○	高橋	9	3	南海	川崎
7/31	●	高橋	2	3	近鉄	大阪
8/1	○	高橋	3	0	近鉄	大阪
8/1	●	高橋	1	7	近鉄	大阪
8/2	○	高橋	1	0	近鉄	大阪
8/4	●	高橋	1	6	西鉄	平和台
8/5	●	高橋	1	10	西鉄	平和台
8/5	●	高橋	2	3	西鉄	平和台
8/7	●	高橋	1	3	南海	大阪
8/8	●	高橋	3	6	南海	大阪
8/9	●	高橋	1	3	南海	大阪
8/11	●	高橋	2	4	東映	駒澤
8/11	○	高橋	2	0	東映	駒澤
8/12	●	高橋	0	1	東映	駒澤
8/12	○	高橋	8	0	東映	駒澤
8/14	○	高橋	5	4	東映	川崎
8/15	●	高橋	1	4	東映	川崎
8/16	●	高橋	4	6	東映	川崎
8/18	●	高橋	3	5	大映	川崎
8/19	●	高橋	2	3	大映	川崎
8/19	●	高橋	1	2	大映	川崎
8/21	●	高橋	2	11	南海	川崎
8/23	○	高橋	6	5	南海	茨城県営
8/23	●	高橋	3	7	南海	茨城県営
8/25	●	高橋	1	7	阪急	川崎
8/25	○	高橋	8	1	阪急	川崎
8/26	●	高橋	3	5	阪急	川崎
8/26	●	高橋	1	6	阪急	川崎
9/1	○	高橋	5	3	西鉄	川崎

試合日	勝敗	ホーム	スコア		相手	球場名
9/1	●	高橋	3	13	西鉄	川崎
9/2	●	高橋	0	14	西鉄	川崎
9/2	○	高橋	7	5	西鉄	川崎
9/5	△	高橋	2	2	南海	大阪
9/6	●	高橋	1	5	南海	大阪
9/9	●	高橋	4	11	東映	茅ヶ崎
9/9	○	高橋	1	0	東映	茅ヶ崎
9/11	△	高橋	1	1	大映	川崎
9/11	●	高橋	1	9	大映	川崎
9/12	○	高橋	3	0	大映	川崎
9/15	●	高橋	3	5	近鉄	大阪
9/15	●	高橋	4	5	近鉄	大阪
9/18	●	高橋	1	2	西鉄	平和台
9/20	●	高橋	1	4	西鉄	平和台
9/20	●	高橋	0	3	西鉄	平和台
9/22	○	高橋	2	0	阪急	西宮
9/23	○	高橋	6	0	阪急	西宮
9/23	●	高橋	1	2	阪急	西宮
9/25	○	高橋	3	2	東映	駒澤
9/28	●	高橋	2	3	東映	駒澤
9/28	●	高橋	0	4	東映	駒澤
9/29	●	高橋	6	7	毎日	後楽園
9/30	●	高橋	1	6	毎日	後楽園
9/30	○	高橋	3	2	毎日	後楽園
10/3	●	高橋	2	4	毎日	八王子
10/3	○	高橋	5	3	毎日	八王子
10/5	○	高橋	4	1	近鉄	川崎
10/5	○	高橋	1	0	近鉄	川崎
10/7	●	高橋	0	3	近鉄	川崎
10/7	○	高橋	3	2	近鉄	川崎
10/8	○	高橋	4	3	毎日	浦和市営

高橋ユニオンズの記録

1954年から56年の僅《わず》か3年間しか存在しなかった、窓際球団とも囁《ささや》かれた「高橋球団」ではあるが、いろいろ記録を残している。

チーム成績

チームとしての成績は、1年目は140試合53勝84敗3分・387で6位、2年目は141試合42勝98敗1分・300で8位、3年目は154試合52勝98敗4分・351で8位という状況だから推して知るべし。

当時、パ・リーグでは永田雅一さんの発案で3割5分を割ると500万円の罰金制度が設けられ、初年度は発案者の大映が罰金を科せられたが、2年目は物の見事にトンボユニオンズが罰金刑を喰《く》らった。1956年は最終戦で「牧歌的八百長試合」とも言われる試合で勝利し、辛うじて3割5分を上回った。

１９５５年・１９５６年の98敗はパ・リーグ2位。因《ちな》みに、１９５６年の１５４試合はプロ野球の歴史の中で最多試合数である。

そして、連敗街道まっしぐら。チームとしての最多連敗は12連敗で、3年続けて記録しているが、連敗記録は１９５２年に既に近鉄が13連敗しており、１９５５年には大映が15連敗と記録を塗り替えており、ユニオンズがパ・リーグ記録を残すことはなかった。ただし、１９５５年の開幕戦からの12連敗は１９７９年に西武が記録するまでは単独パ・リーグ記録。打撃では１９５６年の打率・２１４はパ・リーグ最低打率2位として未《いま》だに残っている。

スタルヒン投手３００勝

何と言ってもいい意味での大記録は、スタルヒン投

スタルヒン　通算300勝達成記念（1955年）

手の日本初の300勝。1955年9月4日西京極球場での対大映戦ダブルヘッダーの第1試合で8安打・3三振・1四球・4失点の完投で300勝達成。

しかし、何と1962年3月30日に1939（昭和14）年のスタルヒン投手の成績を42勝に変更するとの発表があり、300勝達成日が7月28日川崎球場での近鉄戦ダブルヘッダーの第2試合に変更となった。この試合もスタルヒンは近鉄打線を5安打・3三振・2四球・1失点と堂々の完投勝利。この試合で、ユニオンズは唯一のトリプル・プレーを完成させた。走者一・三塁で打者が二飛で、二塁三瀬→一塁加藤→三塁河内。スタルヒン投手は投手ばかりではなく、打撃も買われ代打、一塁手としても活躍した。1954年は代打21回、一塁手8回、1955年は代打39回と代打の筆頭、一塁手は2回。

佐々木信也選手の活躍

1956年に打率・289で6位にランク。そして、新人王は稲尾投手に敗れ、次点であったものの、新人としての数々の記録が挙げられる。もし、佐々木選手が稲尾投手から平均的な打率でも残していたら、と思いたくなる。

154試合出場は飯田徳治選手・杉山光平選手とタイ記録。しかも、新人選手でシーズン全試合・全イニング出場は佐々木選手がプロ野球で初めてで、後に1958年長嶋茂雄選手（巨人）・1961年徳永定之選手（国鉄）の2人が達成した（その後2017年に源田壮亮選手（西武）が記録している）。新人選手のシーズン全試合出場は7名いるが、初記録は1950年、当時毎日に在籍し1954年高橋ユニオンズに移籍した河内卓司選手、というのも不思議な縁。

シーズンでは、打席数671（バ

佐々木信也はシャープなバッティングでヒットを量産した。球団消滅後は大映へ移籍

ルボンとタイ）、打数６２２、安打１８０、単打１４１はすべてパ・リーグのリーダー。２３６塁打も１９８６年清原和博選手が達成するまで、パ・リーグ記録だった。

新人選手としての記録は全試合・全イニング出場のほか、シーズン最多安打１８０本、シーズン最多単打１４１本、シーズン最多二塁打28本は２位、シーズン最多塁打２３６はタイ記録。

また、新人最多二塁打記録は１位が石黒和弘選手、２位佐々木信也選手、３位河内卓司選手であり、３人とも慶應の内野手でオリオンズに関係するのも、世にも奇妙な物語である。

表に出ない記録

表に出ない珍しい記録の持ち主がいる。御年94歳になられたが（２０１５年当時）、ユニオンズＯＢ会会長である河内卓司選手だ。１９５４年パ・リーグ・トーナメントでは第１打席で安打、開幕戦の対阪急戦でも第１打席で安打、監督推薦で出場したオールスター戦でも初打席で安打。大舞台に勝負強い一面を見せている。

あまり表に出したくない記録も結構ある

１９５４年3月31日、西鉄戦で6併殺のパ・リーグ記録、両チーム合計9併殺（高橋3・西鉄6）の日本記録。１９５４年6月12日、西鉄戦で1イニング8四死球のパ・リーグ記録。8回表、田村投手が左前安打、四球、遊ゴロ、遊飛、四球、四球（押し出し）、四球（押し出し）、右前2点安打、四球、四球（押し出し）、四球（押し出し）となり、リリーフした江藤投手が四球（押し出し）、捕邪飛でようやくスリー・アウト。田村投手は「1イニング7四球、4押し出し」の新記録、更に江藤投手も1四球（押し出し）を与え、チームとして「1イニング8四球」の日本記録。この試合は1－17と惨敗するが、17失点も球団記録。

１９５５年は滝投手の9勝が最高で、チームとして二けた勝利投手がいなかったのは１９５２年の近鉄以来。さらに規定回数に達した投手もいなかった。

１９５５年8月1日毎日戦で、1試合10失策のパ・リーグ記録を樹立。この試合で毎日は失策をしていないが、両チーム合計10失策もパ・リーグ・タイ記録。佐々木選手が「ダブルプレーも満足に出来なかったチーム」との言葉を残されているが、それもむべなるかなである。

年次別の記録

■1954年

4月20日、大映戦でチーム唯一の全員安打記録。4月28日、大映戦で深見外野手が1イニング2失策し、当時のパ・リーグ記録。

6月18日阪急戦で河内三塁手は1試合6刺殺の三塁手タイ記録。

7月27日、南海戦で山田選手は外野手として1試合3補殺のタイ記録と同時に、1955年には12失策し外野手の失策年間記録1位タイ。

黒田外野手は年間7併殺でパ・リーグ外野手記録タイ。

レッカ捕手は本塁打23本とチームトップでパ・リーグ4位だったが、117三振で当時のパ・リーグ記録。

相沢投手は代走42回、翌1955年も21回と投手でありながら代走はチームトップ。

■1955年

石川選手、9月13日東映戦で1試合3二塁打のパ・リーグ9人目の記録。
山田選手、打率・296でパ・リーグ11位

■1956年

伊藤投手は65試合・21勝19敗・防御率2・00で堂々6位にランク。また交代完了36回でパ・リーグ記録を更新。

シーズンも終盤になると、エースに成長した伊藤投手に頼らざるを得ず、9月20日西鉄戦／完投負け、22日阪急戦／リリーフ、23日第1試合阪急戦／リリーフ、同日第2試合阪急戦／リリーフ負け、25日東映戦／リリーフ勝利、28日東映戦／リリーフ負けと6試合連続登板、最後の8試合中6試合に登板、そして当時何かと話題になった毎日との最終戦の最後の登板である。

中野投手は51試合・11勝19敗・防御率3・10で10位にランクされ、先発37回もパ・リーグ記録を更新。両投手ともに期待を大きく上回る活躍だった。

前川選手は7月25日毎日戦で1試合3併殺打のパ・リーグ初記録。

荒川選手は開幕から四番で、新人で開幕四番はパ・リーグ2人目でパ・リーグでは僅か4人である。

ユニオンズの観客動員

高橋（トンボ）ユニオンズが活動した3年間のNPB14球団の観客動員を見てみよう。

高橋は1955年はトンボ。

この時期、パ・リーグは8球団、セ・リーグは6球団だった。

杉下茂がエースの中日と、川上哲治、千葉茂、別所毅彦に新鋭広岡達朗、藤田元司などが加わった巨人の観客動員は100万人を超えていた。続いて阪神、パの南海、西鉄、毎日あたりも50万人を超す観客動員があった。

対照的に東映、大映、新加入の高橋のパ3球団は30万人に届かなかった。

パ・リーグはセに激しい対抗意識を燃やし、トータルの観客動員でセに追いつこうと、55、56年と試合数を増やした。1956年は史上最多の154試合制となったが、皮肉なことに観客動員は減り続け、高橋は主催77試合で13万5850人。1試合平均1764人。これでも「水増し発表」をしての数字だというから悲惨である。

60数年後の2018年、NPBの観客動員数は2555万人。ほぼ3倍に増え、平均観客動員は2万人を優に超えている。

隔世の感がある数字である。

年度		東映	西鉄	毎日	近鉄	阪急	南海	大映	高橋	パ・リーグ
1954	観客	185,780	888,500	620,500	216,000	391,800	736,500	239,450	212,400	3,490,930
	主催試合	70	70	70	70	70	70	70	70	560
	平均	2,654	12,693	8,864	3,086	5,597	10,521	3,421	3,034	6,234
1955	観客	154,050	402,300	554,500	207,900	359,700	749,300	204,600	163,250	2,795,600
	主催試合	70	72	71	71	71	72	70	71	568
	平均	2,201	5,588	7,810	2,928	5,066	10,407	2,923	2,299	4,922
1956	観客	207,260	614,750	628,100	165,000	387,600	713,900	197,880	135,850	3,050,340
		77	77	77	77	77	77	77	77	616
	平均	2,692	7,984	8,157	2,143	5,034	9,271	2,570	1,764	4,952

年度		巨人	国鉄	大洋	中日	阪神	広島	セ・リーグ	NPB
1954	観客	1,194,023	433,370	249,144	1,097,381	686,710	444,480	4,105,108	7,596,038
	主催試合	65	65	65	65	65	65	390	950
	平均	18,370	6,667	3,833	16,883	10,565	6,838	10,526	7,996
1955	観客	1,125,800	438,468	346,932	1,255,725	590,906	459,287	4,217,118	7,012,718
	主催試合	65	65	65	65	65	65	390	958
	平均	17,320	6,746	5,337	19,319	9,091	7,066	10,813	7,320
1956	観客	1,115,974	482,254	354,911	1,164,429	892,364	476,954	4,486,886	7,537,226
		65	65	65	65	65	65	390	1,006
	平均	17,169	7,419	5,460	17,914	13,729	7,338	11,505	7,492

第7章

「高橋ユニオンズ」を追い求めて

高橋ユニオンズの記録は、オーナー高橋龍太郎本人もその息子の高橋敏夫球団代表も自ら語ることはほとんどなく、本人の残した記録も消失してしまっている。

それでも、関係者、遺族に残された数少ない記録と証言の数々を辿《たど》ってみたい。

オーナーの孫が語るオーナー高橋龍太郎とユニオンズの真実。

秋山哲夫

祖父が遺したユニオンズの足跡

1953（昭和28）年クリスマスイブに突如として出現した「高橋ユニオンズ」。2004年10月末に「楽天」が誕生した時、元プロ野球界関係者から「ユニオンズと楽天、どっちが強いんでしょうね」との電話があった。何か「ユニオンズ」という響きを懐かしく思った。

さて、「高橋ユニオンズ」のオーナーであった高橋龍太郎・ミツを夫婦とする高橋家は三男二女に恵まれ、長男・次男は夫々《それぞれ》二女を授かったものの男子に恵まれず、三男は戦死、現在では高橋姓を継ぐ者はいなくなった。

その上、そもそも高橋龍太郎も球団代表を務めた次男の高橋敏夫も寡黙であったため、自ら高橋球団について語ることは殆《ほとん》どなく、本人が残した記録なども消失しており、今となっては高橋球団に関しては当時のマスコミ報道が唯一の頼りである。

私は、高橋龍太郎の外孫（次女の次男）で、高校までは神戸・大阪で育ったために、当然の如《ごと》くタイガース・ファンでパ・リーグ自体には興味がなかった。球団創設が小学校6年、解散が中学3年。球団設立の時に、クラスの仲間は「凄いなあ、球団持つのか」と騒いでいた記憶があるが、私自身はそれほど興味が湧かず、メンバー表を見て「なんでこんなメンバーでやるんや」という感じであった。とは言いながらも、自分なりのオーダーを組んだり、投手のローテーションを考えたり、それなりに遊んでいた様に思う。

「高橋ユニオンズ」を直接目にすることは稀《まれ》であった。佐々木信也選手が入団した１９５６（昭和31）年の2月19日に和歌山のキャンプを訪れ、笠原監督に面倒を見て貰《もら》い、ベンチで紅白戦を観戦したことは当時の日記にもはっきりと残っているが、残念ながら佐々木選手はまだキャンプ・インしていなかったようだ。

難波（大阪）球場で南海戦を観戦し、南海の選手のサインも貰った記憶があるが、とにかく南海と西鉄には全く歯が立たなかったので、殆ど球場へは足が向かなかった。ただ、祖父は仕事で来阪すると、出来るだけ時間を作って試合を観に行っていたが、一緒に行った記憶はない。大学進学で上京し、祖父が亡くなるまで丸4年同居したが、「高橋ユニオンズ」について話題になることもなかった。

祖父の家は高台にあり、道路から自宅までは階段だった。当時、祖父は脚も悪く、私が家にいる時に祖父が外出する場合は、私が祖父を背中に背負って階段を上り下りしており、その都度「お前の背中は甲子園みたいに大きいな」と喜んでいたのが忘れられない。眼差《まなざ》しの優しい、寡黙な祖父。人の話をニコニコと聴いていた。ただ、話し出すと非常にゆっくりした口調なので、最後まで付き合うのには結構苦労した。祖父が売却したのは渋谷区猿楽町の自宅で、売却後住んでいた上目黒の家は、実際には長男吉隆伯父の家であった。

祖父は野球が大好きで、六大学は早稲田のファンで神宮球場には孫を連れてよく見に行っていたし、部屋ではテレビを見ながら、ラジオでは違う試合を聴いたりしていた。1962年（昭和37年）のタイガース優勝の時は、祖父の部屋で乾杯した思い出があるが、誕生日など親戚が集まる時でも、普段の食事の時にでも「高橋ユニオンズ」について話題になることは全くなかった。

「私は騙されたんだ」

「高橋ユニオンズ」については、1964（昭和39）年春、大学の親友が東京オリオンズ入りする際、たまたま祖父と話をする機会があり、その折に祖父が「私は騙されたんだ」とポツッと言ったのみであった。その後、1967（昭和42）年に祖父が亡くなってから長年にわたり家族や親戚の間でも「高橋ユニオンズ」のことが話題になることはなかった。

また、球団代表を務めた叔父の高橋敏夫も同様で、パ・リーグの福嶋襄夫さんから頂いた高橋ユニオンズの記録の報告に叔父を訪れた際、珍しく大変嬉しそうに高橋ユニオンズを懐かしみながらも「親父さんは騙されたな」と一言語ったのみであった。

１９８６（昭和61）年から僅か2年間ではあるが、私はサッポロビール宣伝部に在籍し、パシフィック・リーグのオフィシャル・スポンサーとしてパ・リーグTV番組提供、ただ一度開催の「プロ野球12球団トーナメント」（１９８８年、野球殿堂博物館基金募集・東京ドーム球場開場記念）を担当した。

それらのご縁で既に亡くなったパ・リーグ事務局長の福嶋褱夫さん、広報部長の伊東一雄さん（通称パンチョさん）との出会いがあり、担当が外れてからも大変懇意にして頂き、「高橋ユニオンズの存在を継ぐのはあなたですよ」との激励も頂いていたが、仕事に紛れて、それほどの思いには至らなかった。

記憶が定かではないが、１９９８年頃に高橋球団フロントの菅野章吾さんから高橋球団のバッジ・球団旗・復刻版ユニフォームなどを頂き、退職後の２００５（平成17）年10月、これらは野球界の大事な記念品として全て祖父の生まれ故郷である愛媛県内子町に寄贈させて頂いた。

その後、１９９９年1月に福嶋褱夫さんから「高橋ユニオンズ」に関する貴重な資料を送って頂いた頃から「高橋ユニオンズ」への思いが徐々に強くなって来た。しかし、この当時はまだ〝引退後の趣味〟の域であった。この時には、リタイアしてから気の向くままに「高橋ユニオンズ」のことを箇条書きに纏《まと》めてみようという気楽な考えであった。

散逸したユニオンズの記録

そして2004（平成16）年3月末に会社退職後、当時の状況を調べるために自宅近くの図書館に通い始め、当時の新聞の縮刷版を閲覧し箇条書きでまとめ始めた。当時の球団経営に係わった関係者は殆ど鬼籍。とすれば、当時の新聞や書物が唯一の頼り。しかし図書館では詳細は調べようもなく途方に暮れていた時に、図書館から野球体育博物館（当時の名称、現在は野球殿堂博物館）を勧められ、2005年1月、十数年ぶりに野球博物館を訪ねた。

野球博物館の蔵書は約6万冊とも言われ、当然、野球に関しては日本一である。しかも、当時の実物のベースボール・マガジン、野球界などの雑誌、浜崎監督の著書、新聞では報知新聞が存在し、閲覧出来る。紙が黄ばんで、触れるとバラバラになりそうな六十余年前の新聞。縮刷版でもマイクロ・フィルムでもない当時の実物の新聞。傷んではいるが温かみがあり迫力もある。また、丁寧にカバーされた六十余年前の雑誌。当時の新聞や雑誌に目を通していると、まるで映画を観ているようにその光景が浮かんで来て、一人でほくそ笑んだり、失笑したり、思わぬ発見に思わず声を上げることもしばしば。パ・リーグ変遷の歴史は、まさに球界のドロドロした思惑そのものであり、推理小説を読むが如しである。また、ゲーム中に停電での試合中断もあり、時代を感じさせる。

「高橋ユニオンズ」は最弱球団ではあるが、懸命に戦った様子は窺《うかが》える。記録面では日本初のスタルヒン投手の３００勝、伊藤投手は年間65試合・３２３イニング２／３も登板、6連投もあり、当時は分業ではないので先発、リリーフ、抑えとフル稼働し21勝を挙げた。未だに残る1イニング7与四死球、1試合9併殺、1試合10失策などの記録。もっと珍しい記録として観客僅か１５０名、入場券販売枚数僅か28枚の試合も実在した。小説よりも奇なり、の世界が広がる。

この様な当時の現状を知ると、早く小冊子を完成させたい焦りと、もっと詳しく調べたいと思う心が葛藤を続けながら、「野球の玉手箱」を開けに野球殿堂博物館、図書室に通う日々であった。

当時の報知新聞、ベースボール・マガジン、野球界、浜崎監督の著書などを読みふけり、必要な箇所はコピーして貰い、自宅でパソコンにインプットしながら、資料の整理をしていた。報知新聞では傷みが激しく閲覧禁止になった年次もあり、止《や》むを得ず、横浜の新聞ライブラリーにも何回か通ったが、やはりマイクロ・フィルムでは実感が出ないので残念だった。

発見された当時のスコア

そして遂に転機が訪れた。２００６年10月、高橋敏夫が長年お世話になった武蔵野化学研究所で高橋球団経営に係わる貴重な資料（球団帳簿、選手契約書など）が発見され、この資料を譲り受けたことを契機に、〝趣味〟の域から〝使命感〟を持って今回のテーマに本格的に取り組む気持ちを固めた。

２００８（平成20）年2月21日、意を決し、ほぼ20年振りにパシフィック・リーグを訪問し五十嵐義夫記録部長にお目に掛かり、それ以来、五十嵐さんには当時の記録の収集・チェックなど全面的に大変お世話になった。この時はまだ銀座に事務所があり懐かしさで一杯だった。

毎週の如く記録部を訪ね、当時のスコアカードを見せて貰い、必要事項をノートに転記していたが、なにせスコアカードなるものを見るのは初めてで、随分初歩的な質問を繰り返し、記録部の方々にはご迷惑をお掛けしたと思っている。そして自宅ではその記録をパソコンにインプットする作業に追われていた。

週2日野球殿堂博物館の図書室に通い、当時の現物の新聞、雑誌を読みふけり、必要な部分はコピーをお願いし、自宅では持ち帰った資料を整理し、パソコンに入力。この作業が結構大変だった。この段階で誤字脱字のチェック。そして編集となると、写真の大きさや位置をちょっと変えただけで、紙面が大きく変わってしまうのには苦労した。印刷屋の社長から「編集もやりますよ」とのサポートもあったが、全て自分でやらないと価値がない、と独り勝手な思いだったが、周りから「無謀」と言われた意味がよく分った。今さらながらではあるが、印刷会社は大変苦労されたことと、申し訳なく思っている。ド素人の無謀さと根性。

なぜ独立採算にこだわったのか

そして、また転機があった。2010（平成22）年10月、長谷川晶一さんとの出会い、10月22日「高橋ユニオンズOB会」初参加によって、思いが後押しされ、当初は100ぺージほどに簡潔にまとめるつもりであったが、野球博物館に通うごとに新しい発見に出会い、筆を降ろすのは２０１４（平成26）年11月になった。

当時のプロ野球界の実情は把握出来たが、一番の問題は、祖父が何を考え、何を求めてプロ野球球団を引き受けたのか、何故、資産を擲《なげう》ってまでも独立採算経営に固執したのか、3年間で幕を閉じなければならなかった時の心境はどのようなものであったのか。

球団の経営に係わった出資者は全て今は亡き人であり、今となってはその本質を知る由《よし》もないことである。パ・リーグの思惑に翻弄《ほんろう》され、私財を擲った祖父の想いは「徒花《あだばな》」だったのか。祖父の心中は思い量ることが出来ないが、嬉しさと悔しさが同居していたのではないかと、ただ推測するのみである。極めて残念だとしか言い様がない。

想像の域を越えないが、祖父の「騙された」との言葉の意味は、大きく2つあると思っている。1つは球団を設立し選手編成に絡んだ永田さんの約束反故《ほご》についての怒り、2つ目は4年目も続ける予定だったものが、永田さんの画策によって大混乱し、元の変則7球団制に戻ることになり、祖父は「もう1年だけでもやりたい」気持ちを無視されたこと、球界全体のことではなく自らの球団の立場しか考えなかった経営者に対する怒りだろうと想像している。

野球は本当に好きだったし、ユニオンズを心から愛していたことは間違いない。今も「ユニオンズＯＢ会」が続いていることを知ったら、涙を流して喜んでくれることだろうと思う。

祖父にとって、「高橋ユニオンズ」は宝物。弱かったけれど良いチームだった。その証拠が未だに続いているＯＢ会。選手、フロントの方々は本当に苦労されたはずなのに、なぜ、毎年ＯＢ会が続いているのだろうか。初代幹事の菅野さん、３代目の兵頭さんのご努力があってのことは当然のこととしても、それ以外の何かがあるはず。ある選手は「高橋ユニオンズがあったから、今の私があります」、「高橋ユニオンズにいたおかげでノンプロで活躍出来た」と言われる選手もおられる。

祖父が選手を、そして球団を心から愛していたことを、みなさん良くご存知だから。いま、私がなすべきは祖父に感謝の気持ちを伝えることかも知れない。冊子『「高橋球団（ユニオンズ）」３年間のあゆみ』が何とか出来上がり、ホッとした一方、まだまだ続けたかった思いもある。この作業を終えることの怖さ、寂しさと嬉しさが同居した気持ちで一杯だった。

冊子が出来上がって、すぐに選手、フロントの方々にお送りした。先ず選手の方々からはご丁重なお手紙やお電話を頂き感激した。更に、涙声でお電話を頂いた方、祖父のことを「先生」と言って頂いた方、「こんな立派な本を貰っても良いのですか」、亡くなった選手の奥さんからは「仏前に供えました」、生涯唯一の勝利投手となられた選手は「最高の記念品」、僅か1年しか在籍しなかった選手からは「これで私もプロ野球の選手だった、と胸を張って言える」などの話もあった。「当時に想いを馳《は》せて、選手の1人1人の顔を思い浮かべながら、また、球友たちの消息など、すでに故人となられた親友など、60年前に想いをつのらせております」など、頂いたお手紙を読みながら、何度も目頭が熱くなった。

ユニオンズから広がる輪

今回の発刊で、所在不明になっておられた選手が見つかり、2014年の12月OB会に出席されたことは本当に嬉しかった。また、亡くなった選手の従兄弟《いとこ》さんから連絡があったり、川崎球場でバットボーイのアルバイトをしていた方も見つかったり、ユニオンズに係わった方の輪が広がった様な気がする。

更には、今回の作業をしていた関係で、高橋ユニオンズに関係することは秋山に聞けば良い、ということからか、「昭和20年代野球倶楽部」にスピーカーとして招かれたり、スタルヒン投手の伝記映画制作（ロシアの制作会社）、北海道新聞のスタルヒン特集企画のお手伝いも出来、エポック社から「歴代最高記録列伝」の選手カードについての問い合わせを頂くなど、予想外のことがあり、お付き合いの幅が随分広がったことは、大きな財産になった。

一方、「移転先不明」や「本人死亡につき返送」など、寂しいこと、残念なことも多々あった。新聞に掲載された時は、早朝5時過ぎからメールが入り始め、10年20年と会っていない人から、何十年も会っていない親戚などから電話や手紙が舞い込み、毎日その応対に明け暮れした。

１９５５（昭和30）年、１年間だけだが支援頂いたトンボ鉛筆の社長にお目に掛かれたのも貴重な体験。１月９日、報知新聞に掲載され、百数十通の購買依頼ハガキが来たこと。そして日経や東京新聞からも取材申し込みがあり、その後も、南海放送ラジオ番組、そして今年（２０１５年）に入り、愛媛新聞。正直に言って、今さら、なぜ60年も前の「高橋ユニオンズ」に感心があるのだろう、と不思議な複雑な気持ちでいる一方、「高橋龍太郎ってだれ？　高橋ユニオンズってなに？」の時代になった今となって、髙橋球団60周年を祝うにはふさわしいイベントかも知れない、との思いも強い。

4月末に発覚した末期の下咽頭ガンは、一大プロジェクトが一段落するのを待っていてくれていたのだろうか。そして、入院した病院は、祖父の墓がある港区の青松寺の真ん前で、病室から墓を見下ろすことが出来たのも、何か不思議な縁を感じる。もしかしたら、祖父が愛用のパイプを燻《くゆ》らせながら「哲夫、お前には珍しくよく頑張った」と喜んでくれているかも知れない。

たとえチームが消えても、勇姿は生きている

高橋球団のユニフォームを着て、球場で勇姿を見せてくれた選手の方々がいつまでもご壮健でおられること、そして大変厚かましく、叶《かな》えられないこととは思うが、祖父が「日本サッカー殿堂」に続いて、「野球殿堂」入り出来ることを夢見て……。

高橋敏夫は手記に「たとえチームが消えても、父の胸にも、私の胸にも、選手たちの勇姿は生きている。敗れ去ったとはいえ、父の理想に力を貸して下さったファン、理解者の方々にご容赦頂きたい」と締めくくっており、「球界では継子《ままこ》扱いされ数々の迷記録を残し最弱球団の誉れが高い高橋ユニオンズだが、決してダメな球団ではなかったと確信して

いる」と記している。

そして、最後に高橋龍太郎の言葉として「私は君達のような選手をもったことを本当に嬉しく思っている。いつまでも忘れることはないだろう。君達もいままで私に見せてくれたと同様の、いやそれ以上のプレーをやって欲しい。私はたとえ球団が変わっても、いつも君達の元気な姿を楽しみに見守っている。また君達の良き相談相手にもなりたいと思っている。前と同じようにおジイちゃんの元にいつでもきてくれよ」を残しておきたい。

社　会　祖父の名冠した球団史　4面

1950年代、プロ野球にわずか３年間で消滅した「高橋ユニオンズ」という球団があった。オーナーは政財界で名をはせた内子町出身の高橋龍太郎氏。孫の男性が、祖父の名を冠した球団の足跡を追い、書籍を自費出版。埋もれた球界史を掘り起こした。

祖父高橋龍太郎の生地、愛媛県の地元新聞「愛媛新聞」でも取り上げられました

突然の解散、その痕跡を辿る

4年目(1957年)の高橋ユニオンズ

新聞記事から読み解く解散劇の真相

1957（昭和32）年3月に高橋ユニオンズは解散した。しかし、突如の解散だったため、野球雑誌はこの年の各球団と一緒に、もちろん高橋ユニオンズの開幕に向けての動きを紹介している。

『ベースボールニュース』（1957年2月号）では、「なぜ、彼らはクビになったか?」という記事で各球団で無情にも解雇された各選手の行方を追っているが、高橋ユニオンズに対してはかなり辛辣《しんらつ》だ。「プロ野球じゃないと酷評される陣容の高橋ユニオンズこそ整理に大鉈《おおなた》をふるう必要のあるガラクタがだ

1957年2月号

いぶいるが、悲しいかな補強に全滅の現状からはそれをやったらチームが無くなってしまう」と他球団の記事の量に比べて2割もない小さな記事で批評している。

『野球界』（1957年2月号）には「14監督への公開状」というタイトルでセ・パ両リーグの監督にこの年の構想を問う

①今冬の補強のパーセンテージ
②キャンプの目標
③選手布陣はどうか
④当面のライバル

の4項目の回答が記事としてあった。

しかし、高橋ユニオンズは記事からも戦力の苦しさを感じさせるもので、この年の悲劇にどうしても進まなくてはいけない悲壮感を感じるのだ。

高橋ユニオンズ笠原和夫監督かく語りき……。

1．今シーズンの補強は、やや遅れ気味であったが、昨年同様（昨年の佐々木。荒川は1月に決定）現在進行形のものが2、3名ある。それが決定するまでは、こちらから如何なる状態かと云うことは言い切れない。

今年度の補強も昨年同様の重点主義で、まず四番打者を狙ったが、これは失敗であった。次に完投投手、打てる内野手を現在交渉中。これが成功すれば大体60％位成功と言わねばならぬだろう。

2．キャンプは1月20日から例年通り岡山で行うが、高橋球団は昨年から非常に選手が若くなったので、練習によって自分のコンディションを整えるより、むしろ、もっともっと自分の技術を向上さすと云う事を主眼にしなければいけない。それには訓練が第一。その次にインサイド・ベースボールと云う事。これはチームが若いために試合経験が少ないので試合の勘どころを選手が摑《つか》んでいない。これを覚えさすためには、紅白試合、オープン戦など多くやり、早く勘どころを摑ませることが必要だ。それをすれば安打が少なくとも、得点能力が昨年より遥かに上回ると思う。

3．投手の伊藤、中野、滝にはもちろん昨年以上の活躍をしてもらわなければならないが、今年特に期待している投手は飯尾。彼は現在まで非常に運が無いというのか、好投しても報われていない。プロ生活も長いのだし技術的にも、現在が盛りだと思うし、今年こそは10勝以上を期待している。

飯田選手。雑誌『野球界』より

打者は佐々木、荒川はもちろん中心打者として頑張ってもらわなければならぬが、今年の期待は兵頭、彼ももうプロ生活5年目で、ここらで心機一転中心打者になる心構えでキャンプ・インしてもらいたい。彼は人間的にあまり正直すぎる。いい意味でのズルさと云うものを身に付ければ、実質的には優秀な人であるから、必ずチームの中心打者として大きく飛躍して、パ・リーグの代表選手となるだろう。そう、なってもらいたい。

4．ライバルとしては、やはり勝負する以上は全球団がライバルという気持ちでゲームに臨まねばいけない。何勝するか、何割を取るかというより、1戦1戦に全力を注ぎ、良いゲームをするというのが目標である。

以上が笠原監督の『今年の抱負』だ。やはり、具体的なものが見えてこないのが、読んでいても感じる。同じ紙面で西鉄三原監督は、完全制覇をめざすとして『各球団垂涎《すいぜん》の選手を射止めた』『中西、豊田以下の内野、大下、関口以下の外野は共に今や脂の乗り切った連中…』等、また、若い選手を十数名あげ、選手層の厚さをアピールしている。そして具体的に南海ホークスを最大のライバルとして挙げている。勝利数も92勝以上を挙げれば絶対安全と具体的に語っているのが笠原監督とは対照的だ。

大和球士氏の分析でも「パ・セ14監督えんま帳」と云う記事では高橋ユニオンズ笠原監督

を「監督の座も14もあるが、のんきで座り心地のいいのは高橋である。誰も強いチームとは見ていないからだ。去年はビリであったが、当然のことのように評された。実力通りの成績だったから監督笠原は立派だったかと云えばそうでもない。同じビリにもビリになり方があろうと云うものだ。

長いリーグ戦の最中に一度くらいは風雲を巻き起こして、高橋を注目の的にさせるくらいの才覚は欲しい。終着駅ではラストでも途中では上位へ進出して、オヤと思わせる気はくがあってても良かろう。

優勝をねらうグループは長期レースのペースで進む。ペースを乱さないこと専一に努めている。その逆を狙えば高橋には活路が開ける。強チームなみの策戦をたてているとすればそれは笠原の失敗である。強チームが採れば奇道となる策戦が高橋の正道である」と、ゲリラ的、悪く言えば今年は噛《か》ませ犬のようになれという感じである。

1956年のポストシーズンに高橋ユニオンズは、南海の四番打者飯田徳治一塁手を獲得しようと動いていた。飯田徳治は、プロ入りから10年以上現役選手として同一球団に在籍した者は「自由選手」として表彰され、所属球団を自由に移籍する『10年選手』の権利を使ってボーナスを南海に要求したが、下り坂の飯田に対して南海はトレードに出すことにした。

飯田獲得の戦いに、セ・リーグの国鉄スワローズと高橋ユニオンズが争った。飯田は最後までどちらか迷っていたそうだ。高橋ユニオンズは、筒井敬三捕手等が交渉に臨んだらしいが、飯田は、プロ入り前のノンプロチーム東京鉄道局の元監督西垣徳雄が国鉄ヘッドコーチだった関係で、国鉄入り（元のさやに戻ったようなトレード）を決めてしまった。

飯田は国鉄に入団した1957年のシーズンに全試合出場、主に一番打者として40盗塁をする活躍で、セ・リーグの野球にも十分対応した。もし、飯田が高橋ユニオンズに入団していたら、佐々木・飯田の俊足コンビで、得点力も人気も向上したかもしれない。

そして、飯田の入団で大和球士の言うようなゲリラ的戦略で1ヶ月位パ・リーグをかき回して、解散という悲劇が無かったかもしれない。当時の高橋ユニオンズが次の戦略に全くもって成果を出せなかったのが残念でならない。解散後、評論家の竹中半平氏は「高橋ユニオンズへ弔辞」と題して、解散させたパ・リーグ7球団と永田雅一をはじめ首脳部を非難し、高橋龍太郎氏への同情を述べている。

こうして、1957年のパ・リーグは、7球団でシーズンを迎え、翌年6球団となる。そして、セ・リーグ巨人には球界、日本を変えた『長嶋茂雄』が入団し、パ・リーグの低迷時代に入っていく。

本書の執筆者一覧

広尾晃（ひろお・こう）
1959年大阪市生まれ。立命館大学卒業。コピーライターやプランナー、ライターとして活動。日米の野球記録を取り上げるブログ「野球の記録で話したい」を執筆している。著書に『球数制限』（ビジネス社）、『野球崩壊 深刻化する「野球離れ」を食い止めろ！』『巨人軍の巨人 馬場正平』（ともにイースト・プレス）、『もし、あの野球選手がこうなっていたら〜データで読み解くプロ野球「たられば」ワールド〜』（オークラ出版）など。Numberwebでコラム「酒の肴に野球の記録」を執筆、東洋経済オンライン等で執筆活動を展開している。

たか橋ひろき
1973年生まれ。東京都出身。多摩美術大学卒業。絵かき、イラストレーター。大好きな80年代を中心に、プロ野球シリーズを描いている。野球絵を通じて野球文化を盛り上げていけたらうれしいのである。

牧啓夫（まき・ひろお）
野球記録研究家、ゲームデザイナー。同人「八川社」主宰。野球・ミリタリーを中心にゲームをデザインしたりプレイしたりして楽しんでいる。記録に関しては、師匠宇佐美徹也に教わった視点を大事にしたい。

武田主税（たけだ・ちから）
野球雲編集人。古い野球と記録のコンテンツを作っていくために日々活動中。
年内中に「野球雲11号」制作予定。詳しくはHPで
https://baseball-cloud.com/

秋山哲夫（あきやま・てつお）
1941年10月10日神戸市で出生、戦災で大阪府吹田市に移住。1965年3月慶應義塾大学法学部卒業、サッポロビール（株）入社。2004年3月サッポロビール飲料（株）退職。退職後、「高橋ユニオンズ」を生涯の仕事と位置づけ「高橋ユニオンズ」探求に没頭。2013年から「ユニオンズOB会」の事務を手伝い始め、2014年12月、冊子『「高橋球団（ユニオンズ）」3年間のあゆみ』が完成した喜びも束の間、2015年4月末に「下咽頭ガン」が発覚し音声言語機能を失うも、ユニオンズへの情熱は途切れることがなかった。2019年逝去。（関係者を探しています。弊社までご連絡をお寄せください。）

編集／株式会社啓文社（漆原亮太、荒井南帆）
Special Thanks 野球雲編集部／武田主税（雲プロダクション）
写真提供／朝日新聞社・amana images
共同通信社・アマナイメージズ

消えた球団 高橋ユニオンズ 1954～1956
2019年10月1日 第1刷発行

編著 野球雲編集部
発行者 唐津 隆
発行所 株式会社ビジネス社
〒162-0805 東京都新宿区矢来町114番地 神楽坂高橋ビル5階
電話 03(5227)1602 FAX 03(5227)1603
http://www.business-sha.co.jp

印刷・製本 大日本印刷株式会社
〈カバーデザイン〉大谷昌稔
〈本文組版〉茂呂田剛（エムアンドケイ）
〈編集担当〉本田朋子
〈営業担当〉山口健志

ISBN978-4-8284-2126-1